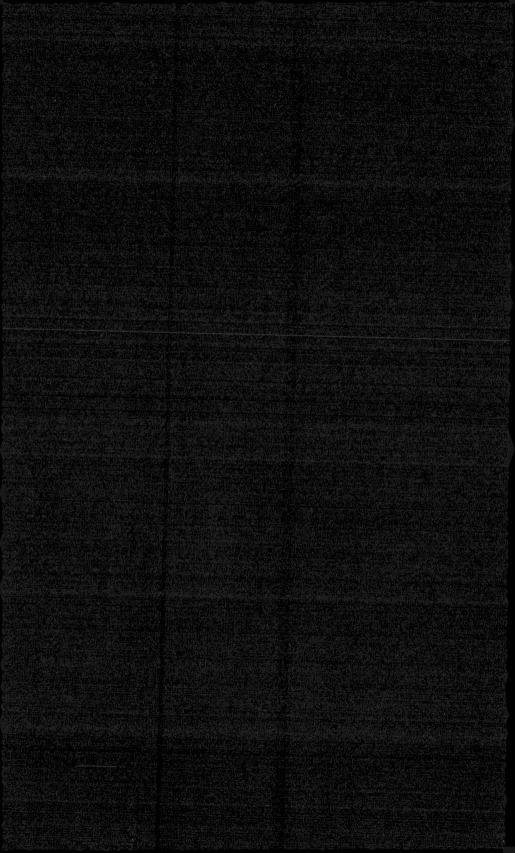

가격은
어떻게
결정
되는가

가격은 어떻게 결정되는가

저　　자 박정웅

1판 1쇄 발행 2020년 10월 20일

저작권자 박정웅

발 행 처 하움출판사
발 행 인 문현광
편　　집 홍새솔
주　　소 전라북도 군산시 축동안3길 20, 2층 하움출판사
I S B N 979-11-6440-699-9 (03320)

홈페이지 http://haum.kr/
이 메 일 haum1000@naver.com

좋은 책을 만들겠습니다.
하움출판사는 독자 여러분의 의견에 항상 귀 기울이고 있습니다.

이 도서의 국립중앙도서관 출판예정도서목록(CIP)은 서지정보유통지원시스템 홈페이지(http://seoji.nl.go.kr)와
국가자료종합목록 구축시스템(http://kolis-net.nl.go.kr)에서 이용하실 수 있습니다. (CIP제어번호 : CIP2020041375)

· 값은 표지에 있습니다.
· 파본은 구입처에서 교환해 드립니다.

가격은 어떻게 결정되는가

유형자산·상표권·특허권·영업권·상가권리금의 법원 소송 평가 등

다수 실제 사례를 통한 가격 결정 방법 제시

박정웅 지음

시작하기 전에

경제인, 비경제인 모두 자산의 정확한 개념은 모르더라도 중요성이나 개략적 정의는 알고 있다. 일반적으로 자산은 돈·주택·예금으로 인식되며, 좀 더 자산에 관심을 둔다면 자산을 가치 있는 물질, 또는 경제적 가치가 있는 화폐로 바꿀 수 있는 그 무엇으로 표현할 것이다.

무엇을 자산이라 하는가. 자산은 어떠한 유형이 있으며, 유형별 특성은 무엇인가. 자산별 가치평가는 어떻게 이루어지며, 가치의 적정성은 어떻게 파악될 것인가.

자산에 관심 있는 사람 대부분은 아파트·토지·건물 등의 유형자산이나 주식·당좌자산·현금 같은 유동자산에 관심이 많지만, 기업에 있어 비교 경쟁력의 우위와 자산 구성의 포지션이 커지는 특허권·상표권·영업권 등 무형자산의 개념이나 전체 자산가치에서 차지하는 무형자산가치의 중요성에 대해서는 막연하다. 유형·무형자산 가치평가에 20년 이상 현업에 있으면서 무형자산 가치의 중요성에 비례해 적정한 무형자산 가치평가를 위한 모형의 개발과 데이터 축적의 필요성을 느끼고 있다.

4차 산업혁명 시대를 향해가는 우리에게 무형자산 가치의 중요성에 대해 강조하는 것은 오래전 이야기를 꺼내는 옛사람일 것이다. 기업이나 소규모 자영업을 하는 경제인은 상표·특허·영업권 등 무형자산이 사업의 이익이나 사업의 지속가능성을 결정하고 기업의 가치와 미래를 결정하는 중요 자산으로 이미 인식하고 있다. 우리가 여태 알지 못하는 그러나 지금 이 순간도 진화하고 있는 거의 모든 산업 분야에서 AI가 실현하는 대부분이 무형자산이다.

최근 배달 애플리케이션 1위 업체인 배달의 민족(이용자 약 970만 명) 운영사인 우아한 형제들이 독일 다국적회사인 '딜리버리히어로(DH)'에 인수됐다는 기사를 봤다. DH는 배달 앱 요기요를 운영하는 회사다. DH가 평가한 우아한 형제들의 기업가치는 40억 달러(약 4조7천500억 원)로 추성했다고 한다.

여기서 주목할 부분은 DH가 평가한 우아한 형제들의 기업가치 40억 달러 자산의 구성내용이다. 이러한 기업의 자산은 브랜드자산, 구조적 자산 등의 무형자산과 영업권가치가 결합하여 이러한 큰 기업가치를 형성하며, 유형자산의 가치는 이에 비해 상대적으로 극히 미미할 것으로 추정된다. 향후 게임, 배달, AI 분야 및 인터넷 기업의 자산가치는 기존 제조업 중심의 기업가치가 가지고 있는 유형자산 가치와는 비교하기 힘들 정도의 큰 무형자산 가치가 있을 것이다.

주식투자 하는 사람들에게는 바이오산업의 무궁한 가치 가능성이 관심 대상이다. 그들이 보는 해당 기업의 현재 주식가치는 보유하고 있는 유형자산이나 현재의 영업이익 아닌 기업이 보유하고 있거나, 개발 중인 무형자산이 가져올 기대이익에 대한 기대 가능 투자 주식가치이다.

지식재산권(IP·Intellectual Property)을 담보로 맡기고 은행에서 대출을 받는 IP 담보대출이 국내에서도 가능하다. IP 담보대출은 우수 특허를 보유한 중소·중견기업이 물적 담보 없이도 특허권 등 지식재산권만으로 담보대출을 받을 수 있는 지식재산권 담보대출이다. 이는 지식재산권 담보대출에 따라 그간 담보로 인정받지 못하던 기업의 특허권·상표권·디자인권 등이 이제 유형자산인 부동산과 동일하게 취급된다는 의미이다.

CHAPTER 1에서는 자산의 개념과 구성에 대해 알아보고자 한다. 유형자산의 유형별 특성과 가치형성의 발생 요인 등을 살펴보며, 무형자산의 개념과 유형 그리고 영업권 등의 설명에 더 중점을 두었다.

CHAPTER 2 자산가치평가 사례에서는 20년 이상 감정평가사로서 현장에서 수행한 소송 등 평가 사례를 유형자산(4 케이스)과 무형자산, 영업권, 비상장 기업가치, 상가권리금 평가 사례(11 케이스)는 내용은 일부 요약하되 형식과 방법 등은 실전 적용할 수 있게 전달하려고 노력하였다. 무형자산, 영업권 등의 가치평가 사례를 본인이 이제까지 소송 등 평가에서의 실제 사례를 변형, 축약하였다.

CHAPTER 3에서는 자산평가와 관련된 간단한 참고사항과 하고 싶은 의견으로 가볍게 보아 주었으면 한다.

규범적인 노력으로 쉽게 접근할 수 있는 하나의 가치방법을 찾으려고 노력하였으나, 본인의 역량 부족으로 여기까지인 것을 부끄럽게 생각한다. 향후 데이터 축적에 의해 더욱 적정한 가치평가 방법이 이루어져야 하며, 어떠한 단일 평가방법의 단순 적용보다는 서로 보완하고 상호 검증해야 할 것이다.

이 길을 걸어올 수 있게 해준 부모님과 같이 걸어가는 가족, 그냥 좋은 멋있는 나의 벗들과 지켜봐 주는 親戚들이 옆에 있어 감사합니다. 그리고 따스한 마음을 가진 同道 친구들, 훌륭한 실력을 갖춘 후배님들, 그리고 사회에서 인연을 맺은 존경하는 선배님들과 관계할 수 있어 행복합니다.

목차

CHAPTER 1
자산 살펴보기

CHAPTER 2
자산가치 평가사례

CHAPTER 3
참고자료와 하고 싶은 말

CHAPTER 1

자산
살펴보기

제1장
자산이란

1
자산의 개념

*당신의 자산은 얼마인가*를 알아보고자 한다면 우선 당신이 가지고 있는 자산이 무엇이며 보유하고 있는 자산은 어떻게 구성되어 있는지 구체적으로 살펴보아야 한다. 자산은 재화와 같이 가치의 형태를 가지고 있는 유형의 자산과 보이지는 않지만 가치를 가지고 있는 무형의 자산이 있다.

당신의 자산은 어떠한 자산들로 이루어져 있을까? 유형의 자산이라면 부동산으로서 지금 살거나 소유하고 있는 주택·아파트·소유하고 있지 않은 전셋집, 좀 더 여유 있는 사람들이라면 토지·빌딩·상가 등이 있을 것이다. 유동자산은 당좌예금이나 단기 적금, 일시적 자금의 보통예금 등 일 년 이내 필요시 현금화할 수 있는 자산을 보유하고 있을 것이다.

무형의 자산들로는 영업이 잘되는 가게는 권리금, 중소기업은 영업권·상표권 등이 있고, 기업은 특허권·지식재산권·실용신안권 등 많은 산업재산권과 무형의 자산 항목들이 있을 것이다.

*부채도 자산이다*라고 들어본 사람들은 부채가 어떻게 자산인지 의문을 가질 수 있다. 경제적으로 다소 힘든 사람들은 마이너스 통장이나 남에게 빌린 채무를 가지고 있을 것이다. 이러한 부채가 어떻게 능력이고 자산이란 말인가? 이것은 자산을 다루는 접근 방식과 자산의 분류 방식에 따라 자산의 범위에 차이가 있기 때문이다.

회계학에서는 자산=부채+자본으로 나타내기 때문에 부채는 자산의 총합을 이루는 한 부분이다. 물론 부채가 없다면 자산=자본이 된다. 하지만 기업을 운영하거나, 개인적으로 자산 투자를 하는 사람으로선 부채가 전혀 없는 것보다는 적정 부채를 활용하여 레버리지 효과를 기대하는 편이 더 좋을 것이다. 더 나은 투자 기회를 창출하여 선순환할 수 있기에, 기업의 적정 규모의 부채는 건전한 것이다. 단 적정 규모를 넘어선 기업의 무리한 투자나 개인의 욕심에 의한 자산 투기는 과도한 지급이자와 기업이나 개인의 신용도에 위험하며, 사회경제 전체적으로도 피해를 줄 수 있다.

1997년 12월 시작된 IMF 사태를 기억해 보자. 사적 기업에 국민의 세금이 끝없이 공적 투입된 경우 이는 누구의 잘못일까? 기업의 전문 경영인이 아닌 무능하고 탐욕스러운 개인이 잘못된 판단으로 기업을 운영하거나, 개인의 부동산 등에 적절한 정보 없이 욕심에서 비롯된 투기로 지급이자 부담, 자산가치 하락 등에 의해 부채만 남는 경우, 자산=부채가 되어 기업은 파산이나 매각될 것이고, 개인은 신용불량자가 될 것이다.

자산개념에 대한 회계적 접근과 경제적 접근의 차이점을 보면, 회계적 접근에서 자산은 자본의 구체적인 존재 형태를 말하는 것으로, 이연자산까지도 포함하고 있는 점에서 일반적인 재산 개념보다도 넓다. 이연자산이란 이미 지출한 비용 가운데 다음 회계 기간의 비용에 해당하는 것을 그 기간의 자산으로 여겨 처리하는 것으로 창업비·개업비·연구개발비·사채발행비 등이 있다.

경제학에서는 자산을 자본재로 나타낸다. 자본재는 인간의 욕망을 직접 충족시키는 최종재인 소비재의 생산 과정에서 노동·토지를 제외한 재화로 정의된다.

유형자산, 무형자산 관련 최근 보고서 내용 등을 검토해 보자.

우선 무형자산 가치인 국가 브랜드 가치 관련하여, 영국 컨설팅 업체 '브랜드 파이낸스'가 최근 발표한 《국가 브랜드 2019》 보고서에서 한국은 2조 1천억 달러로 세계에서 9위를 차지했다. 1위인 미국은 27조 7천억 달러이며 중국의 국가 브랜드 가치는 19조 5천억 달러로 미국에 이어 2위를 차지했다.

기업 브랜드 가치 관련 보고서로는 글로벌 브랜드 컨설팅 전문 업체 '인터브랜드'가 발표한 《2019년 베스트 글로벌 브랜드(Best Global Brands 2019)》가 있다. 보고서에 따르면 올해 글로벌 100대 브랜드 가치 총액은 2조1천309억 달러이다. 브랜드 가치 1위는 2천342억4천100만 달러의 애플이었고, 구글이 1천677억1천300만 달러로 그 뒤를 이었으며, 아마존이 1천252억6천300만 달러로 3위를 차지했다. 삼성의 브랜드 가치는 600억 달러를 넘어서며 세계 6위에 랭크됐다. 삼성의 2019년 브랜드 가치는 610억9천800만 달러(약 72조3천억 원)로, 지난해(598억9천만 달러)보다 2% 늘어나며 사상 최고치를 기록했다.

현대차와 기아차도 《글로벌 100대 브랜드》 순위에 있으며, 현대차는 자동차 분야에서 도요타, 메르세데스-벤츠, BMW, 혼다, 포드에 이어 6위였다. 이들 100위 내에 든 3개 한국 브랜드의 가치는 총 816억8천200만 달러로 지난해보다 1.7% 증가했다. 미국과 독일, 일본, 프랑스에 이어 국가별 브랜드 가치 총액으로는 5번째였다.

대한민국 국가가 보유하고 있는 유형자산 가치 순위는, 기획재정부가 발표한 《2018 회계연도 국가결산》에 따르면 정부세종청사 1단계의 장부가액은 4,502억 원으로 국가가 보유한 건물 중 장부가액이 가장 컸으며, 2위는 정부세종청사 2단계로 4,068억 원, 3위는 광주에 소재한 국립아시아문화전당(3,076억 원)이다.

대한민국 국가가 보유하고 있는 무형자산가치에 대해 살펴보면, 국가 무형자산 중 취득가액이 가장 높은 것은 관세청이 보유한 4세대 국가관세 종합정보망(1,007억 원)이었다. 이어 차세대 국세행정 시스템(2단계, 694억 원), 디지털 예산회계 시스템(353억 원), 취업 후 학자금 상환전산 시스템(301억 원) 순으로 나타났다. 1위인 관세청 보유 4세대 국가관세 종합정보망은 2016년 4월 개통한 정보망으로 물류 및 수출입과 관련한 모든 민원과 행정업무를 처리할 수 있는 시스템이다.

2
자산 관련 용어

재산

자산과 가장 유사하게 연상되는 용어는 재산일 것이다. 재산에 대한 정의는 *소유의 재산으로부터 이득을 얻을 수 있는 권리, 그리고 재산에 대해 통제할 수 있고 처분할 수 있는 법적 권리*로 내릴 수 있다. 구체적으로 살펴보면

① 일반적 사적 재산의 개념

재산권의 대상이 되는 유형·무형의 개개의 재화:

유체물(부동산·동산), 채권, 저작권·특허권 따위의 무체재산권 등

② 법률에서 다루는 재산의 개념

(1) 적극(플러스)자산: ① 사적 재산 개념의 총체

한정승인(限定承認)의 경우에 상속인은 '상속으로 인하여 취득할 재산'의 한도에서 피상속인의 채무와 유증(遺贈)을 변제하면 된다(민법 1028조).

(2) 적극(플러스)재산과 소극(마이너스)재산의 총체

기업의 자산과 부채·자본을 총칭하여 재산이라고 하는 개념과 같다. 영업재산이라고 하는 경우도 같은 의미이다. 민법에서 상속인은 상속이 개시된 때부터 피상속인의 재산에 관한 포괄적 권리의무를 승계한다(민법 1005조).

③ 사회학적 관점에서 재산의 개념

사회학자들은 재산권의 논의를 개인과 공동체의 권리 사이의 균형과 분배적 정의, 불평등의 구조와 연관된 폭넓은 사회적 맥락에서 다룬다. 원시사회에서 사유재산은 가족·혈연·부족 등의 집합적인 소유권이었으며, 절대적 재산의 개념은 로마의 'Republican Law'에 의해 개척되었고 이것은 중세를 통해 꾸준히 영향력을 가지며 자본주의의 출현으로 중요성을 인정받게 되었다.

재화 (goods)

재화란 재물 또는 사람의 욕망을 만족시키는 물질을 말한다. 인간의 복지에 도움이 되는 수단으로서 그 효용을 가지고 있는 모든 물체와 물질이다. 인간의 욕구에 대해 희소성(稀少性)의 여부에 따라 경제적 배려를 해야 하는 재화를 경제재(經濟財, 商品 등의 경우), 그렇지 아니한 재화를 자유재(自由財, 공기·물 등의 경우)라 한다.

또한 개인의 소유 가능 여부에 따라 공공재, 사유재로 나뉘며, 소득수준의 변화에 따라 소비량이 늘어나는 우등재와 소비량이 줄어드는 열등재로 나뉜다.

부가가치세법에서 재화란 재산적 가치가 있는 모든 유체물(有體物)

과 무체물(無體物)을 말하는 것으로, 유체물은 상품·제품·원료 등과 같이 판매하기 위해 보유하고 있는 일반 회계학상의 재고자산뿐만 아니라 기계·건물과 같은 사업 활동을 영위하기 위하여 장기간 보유하고 있는 고정자산을 포함한 기타 모든 유형적 물건을 포함하며, 무체물은 동력·열과 기타 관리할 수 있는 자연력 및 권리 등으로서의 유체물 이외의 모든 물질을 포함한다.

용역 (service)

물재(物財)의 형태를 취하지 않고 생산과 소비에 필요한 노무(勞務)를 제공하는 일로 정의하며, 용역이란 일반적으로 역무(役務) 또는 서비스라고도 한다.

경제학에서도 용역은 토지·자본·노동이라는 각 생산요소가 하는 봉사활동을 가리킨다. 예컨대 토지는 ① 생산활동을 위한 일정한 지표의 제공 ② 역학적·화학적 작용으로 지력(地力)의 제공 ③ 교통관계에서의 특정 위치의 제공이라는 봉사활동을 한다고 한다.

각 생산요소가 제공하는 각각의 용역에 대해서는 그 용역의 가치만큼의 소득이 지불되며, 토지-지료, 자본-이자, 노동-임금으로 지불된다. 이들 생산요소의 각 용역 및 정부 용역에 대한 지불의 총액이 분배국민소득을 이룬다.

부가가치세법에서는 부가가치세 과세대상이 되는 용역을 재화 이외의 재산적 가치가 있는 모든 역무 및 기타 행위로 규정하고 있으며, 그 범위는 다음의 사업에 해당하는 모든 역무 및 재화·시설물 또는 권리를 사용하게 하는 행위로 규정하고 있다. ① 건설업 ② 숙박업 및 음식점업 ③ 운수업 ④ 금융업·보험업 ⑤ 부동산업·임대업 및 사업서비스업(다만, 전·답·과수원·목장용지·임야 또는 염전임대업을 제외하며, 부동산매매업은 재화를 공급하는 사업으로 본다.) ⑥ 공공행정·국방 및 사회보장행정 ⑦ 교육서비스업 ⑧ 보건 및 사회복지사업 ⑨ 기타 공공·수리 및 개인서비스업 ⑩ 가사서비스업 ⑪ 국제 및 외국기관의 사업 ⑫ 통신업 ⑬ 오락·문화 및 운동 관련 서비스업

자본 (capital)

자본이라는 말은 여러 의미로 사용되므로 한마디로 정의하기가 어려우며 입장이나 관점의 차이에 따라 그 개념이나 정의도 달라진다.

자본을 기능적으로 나누어 보면 ① 돈, 즉 화폐로서의 화폐자본 ② 재화의 생산에 필요한 생산요소(기계·원료·노동력 등)를 구매하는 데 사용한 화폐인 생산자본 ③ 기계·원료·노동력 자체 및 상품인 상품자본으로 나타낼 수 있다.

: 실물자본과 자본자산

경제학적 측면에서는 재화 또는 서비스를 생산하는 과정에서 생산요소로 쓰이는 실물자본만을 자본이라 한다. 즉 회계학에서는 화폐·채권·주식을 자본이라 하지만 주류 경제학에서는 금융자산이라 한다.

자산과 결합된 용어로서 자본자산이란 투자자가 미래의 이익을 얻을 수 있는 권리를 갖는 자산을 말하며 주식·채권 등의 유가증권을 가리킨다.

: 자본소득과 노동소득

개인의 입장에서 노동소득이 임금을 통한 소득이라면 자본소득이란 자본을 통한 소득을 말한다. 즉 건물 임대료는 자본소득에 속한다.

: 회계적 측면에서 자본 개념

소유주 지분 또는 주주지분이라고도 하는 것으로 자산에서 부채를 차감한 잔여지분이다. 기업회계 기준상 자본은 자본금·자본잉여금·이익잉여금으로 구성된다.

자본의 본질을 살펴보면 첫째, 지분의 일부를 구성하는 것으로 소유주의 지분을 가리킨다. 자본은 투자자 지분으로서 채권자 지분과 함께 지분을 구성하는 것이다. 소유주 지분의 주주지분이라고도 하는데 소유주의 소유권을 나타내는 것이다.

둘째, 잔여지분을 나타내는 것으로 자산에서 부채를 차감한 잔액이다. 자본은 잔여지분으로서 기업이 소유하고 있는 자산에서 기업이 당연히 변제해야 할 부채를 차감한 잔액이다. 이 잔여지분만이 주주가 청구할 수 있는 권리이다.

셋째, 지분이론 중 자본주이론에 의하여 정의된 것이다. 자본은 자본주이론의 회계등식인 자산-부채=자본에 의하여 정의되는 것으로 이 정의에 의하면 자본은 자본주에 귀속한 순자산이다. 자본주이론에서는 회계의 주체가 자본주로 자본은 자본주의 순재산을 의미한다.

자본재 (capital goods)

생산을 위해서 사용되는 토지 이외의 물적 생산수단을 말하는 것으로 과거의 노동에 의해서 생산된 생산수단이나 중간생산물로서 장래의 생산을 위해 사용되는 것이다. 즉 인간의 욕망을 직접 충족시키는 최종재(最終財)인 소비재를 위한 생산과정에서의 노동·토지를 제외한 재화를 말한다.

생산재는 토지를 포함하며 넓은 의미에서는 노동까지 포함하나 자본재는 이를 제외한 것이다. 자본재는 인간에 의해 생산된 수단 내지 중간생산물로서 광의의 생산재에서 토지와 노동을 제외한 것이다. 자본재는 소비재와 대립되는 개념으로 인간에 의해서 생산된 생산수단 또는 중간생산물이라는 점에서 중간재 또는 수단재라고도 하며, 투자의 대상이 되는 점에서 투자재라고도 한다. 그리고 투자재는 보통은 자본재와 같은 뜻으로 사용되고 있다.

자본재는 내구성(耐久性)에 따라 고정자본재(건물·기계 등으로 장기간에 걸쳐 생산에 이바지하는 것)와 유통자본재(원료·재료 등 1회의 사용으로 소멸하는 것)로 나누어진다.

3
자산의 분류와 유형

자산을 어떻게 분류하며 자산의 유형은 어떤 것들이 있는지 살펴보자. 자산의 분류는 여러 기준에 따라 달리 내용하나 기업의 재무 상태를 알아볼 수 있는 재무제표를 작성하거나, 자영업을 하는 개인이 자산을 분류할 필요가 있을 경우 회계상의 분류를 하면 자산의 상태를 보다 명확하게 알아볼 수 있다.

자산의 분류

자산은 회계적으로는 유동자산·고정자산·이연자산으로 나누어진다. 기업회계기준에서는 자산을 크게 유동자산과 고정자산(비유동자산)으로 나누고 있다. 이연자산은 이연기간에 따라 유동자산과 고정자산으로 나누어진다. 유동자산은 기업과 시장 사이를 교류하며 1년 이내에 현금화되는 회전속도가 빠른 자산인데, 다시 당좌자산과 재고자산으로 나누어진다.

당좌자산은 바로 현금화할 수 있는 자산을 뜻하며 현금·예금·받을 어음·외상매출금, 일시적 소유를 목적으로 한 유가증권 등으로 이루어진다. 재고자산은 제조·판매 등의 과정을 거쳐 현금화할 수 있는 것으로, 상품·원재료·재공품·반제품 등으로 구성된다.

고정자산은 기업 내부에서 장기간 사용하며 원칙적으로 1년 이내에는 현금화되지 않는 회전속도가 느린 자산을 말한다. 고정자산은 구체적인 형태의 유무에 따라 다시 유형고정자산과 무형고정자산으로 나누어진다.

유형고정자산은 토지·건물·기계장치·선박 등으로 이루어지며, 무형고정자산은 영업권·특허권·지상권·상표권·실용신안권·의장권·광업권 등을 가리킨다. 이들 이외에 출자금·투자유가증권·정기대부금 등을 포함하는 투자자산까지도 고정자산에 포함시킬 수 있다.

고정자산의 회계처리에서는 토지와 같은 예외를 제외하고, 감가상각을 통하여 그 가치의 일부분씩을 생산물에 이전하여 내용기간 중에 전가치를 회수하는 방법을 취한다. 상법은 고정자산의 평가에 있어 원가주의를 채용하여 결산기마다 상당한 상각을 하도록 규정하고 있다.

이연자산에는 창립비·개업비·신주발행비·사채할인발행차금·개발비·시험연구비·건설이자 등이 있다. 이들은 일정한 상각방법으로 수년간에 걸쳐 상각하게 되는데, 그동안의 미상각잔액이 자산이 된다.

기업의 자산에 관해 중요하게 살펴볼 점은 자산구성이다. 자산구성 중에서도 유동자산과 고정자산의 비율, 총자산에 대한 유동자산(또는 고정자산)의 비율이 적정하지 않으면 수익성이나 유동성(지급능력)이 악화된다.

유동자산의 유형

: 당좌자산

현금 및 현금성 자산　통화 및 자기앞수표 등 통화대용증권과 당좌예금·보통예금·현금성자산의 합

단기 투자자산　단기금융상품·단기매매증권·단기대여금의 합

매출채권　외상매출금과 받을어음의 합

선급비용　미리 지급한 비용(올해 것이 아닌 다음 해 것을 미리 지급한 것 예 선급보험료)

: 재고자산

상품　판매를 목적으로 외부로부터 매입한 물품

제품　판매를 목적으로 제조한 생산품·부산물 등

반제품　자가제조한 중간제품과 부분품 등으로 한다(상품가치 있음).

제공품　제품 또는 반제품의 제조를 위하여 제공과정에 있는 것(상품가치 없음)

원재료　원료·재료·매입부분품·미착원재료 등

저장품　소모품·소모공기구비품·수선용부분품 및 기타 저장품

비유동자산(고정자산)의 유형

: 투자자산

투자 부동산　영업활동과는 무관하게 투자 목적으로 보유하고 있는

토지나 건물

장기투자자산　장기성예금·투자유가증권·출자금·관계회사사채·관계회사출자금·관계회사주식·투자부동산·감채기금 등

지분법 적용 투자주식　주식 중 다른 회사에 중대한 영향력을 행사할 수 있는 주식

장기대여금　금전을 타인에게 빌려주고 차용증서를 받은 경우(1년 초과 시 회수)

: 유형자산

토지　영업용으로 사용하는 땅을 구입한 것

설비자산　건물·기계 장치의 통합 계정

건물　영업용으로 사용하는 사무실·창고·기숙사·점포 등

구축물　교량·궤도·갱도·정원 설비 및 기타 토목설비, 공작물

기계장치　기계장치와 운송설비 및 기타 부속설비

차량운반구　영업용의 트럭·승용차·오토바이 등

건설 중인 자산　유형자산의 건설을 위한 재료비, 노무비 및 경비

: 무형자산

영업권　유형 및 무형자산 이외의 이익에 기여하는 부분의 총체적 합계

산업재산권　특허권·실용신안권·디자인권·상표권 등과 같이 일정 기간 독점적·배타적으로 이용할 수 있는 권리

개발비　신제품 또는 신기술의 개발과 관련하여 비경상적으로 발생한 비용

저작권　저작자가 자신의 저작물에 대해 복제·번역·방송 등을 할 때 이를 독점적으로 이용할 수 있는 권리

라이선스　자기가 직접 생산한 상품에 다른 기업의 상표를 사용할 수 있는 권리

프랜차이즈　본사가 체인가맹점에 점포 개설·상품 공급·종업원 교육 등의 노하우를 브랜드와 함께 제공하고 가맹점은 본사에 일정 금액의 가입비를 지급하고 정기적으로 매출액의 일정 비율을 로열티로 지급하는 형태

컴퓨터 소프트웨어　컴퓨터 프로그램을 살 때 지출할 수 있는 비용

: 기타 비유동자산

임차보증금　전세금

장기매출채권　단기 매출채권과 같으며 기간이 1년 이상인 것

장기미수금　미수금과 같으며 기간이 1년 이상인 것

장기선급비용　선급비용과 같으며 기간이 1년 이상인 것

4
자산가치의 의미

사전적 의미에서 가치는 인간의 욕구나 관심을 충족시키는 그 무엇이거나 충족시키는 성질을 뜻한다. 인간의 욕구나 관심은 경제적·사회적·예술적·도덕적 관점 등에서 다르게 표현될 수 있다. 이에 가치 다원론적 개념으로 여러 관점이 다양하게 존재한다.

사회적 가치 관점에서 《사회적 경제 기본법》에서는 빈곤을 해소하는 복지·따뜻한 일자리·사람과 노동의 가치·협력과 연대의 가치·지역공동체의 복원 그리고 이러한 것들을 추구하는 사람들의 선한 정신과 의지 등은 소중한 사회적 가치들이라고 말하고 있다.

경제적 가치 관점에서 애덤 스미스는 가치란 어떤 재화나 용역이 다른 재화나 용역을 교환의 대상으로 지배하는 힘이라 하여 가치를 재화와 재화 간의 단순한 교환비율로 보았으며, 피셔는 가치란 장래 기대되는 편익을 현재가치로 환원한 값이라 하였으며 여기서 편익은 금전적인 것과 비금전적인 것을 포함한다.

경제학파들의 가치 견해

: 고전학파(객관적 가치 이론)

애덤 스미스는 가치란 어떤 재화가 다른 재화를 교환의 대상으로 지배하는 힘이라 말했으며, 재화의 교환가치는 생산비와 가격이 일치하는 선에서 결정된다는 공급 중심의 이론이다.

: 한계효용학파

가치는 개인의 주관적 만족도(효용)에 의하여 성립되어 두 재화의 한계효용이 교환비율을 결정한다(한계효용균등). 즉 가치는 수요와 효용에 의하여 결정된다는 수요 중심의 이론이다.

: 신고전학파

마샬이 대표적 학자이며 수요는 한계효용이론이, 공급은 노동가치가 타당하다는 견해이다. 재화의 가격은 수요·공급곡선의 균형점에서 결정된다. 단기에는 수요 중심의 가격이, 장기에는 공급의 탄력성으로 생산비에 의한 공급가격이 지배한다. 재화의 가격은 장기 완전시장 가격이다.

가치 발생 요인

가치란 효용·희소성·유효수요를 통해 발생한다. 경제학파적 관점에서 고전학파는 공급과 비용을 강조하고, 한계효용학파는 효용과 수요적 관점에 중점을 두고, 신고전학파는 고전학파의 공급과 비용 측면, 한계효용학파의 수요와 가격 측면의 양 학파를 결합하였다.

: 효용

효용은 주관적인 개념이므로 동일한 소득이라 하더라도 개인에 따라 같은 재화에 대한 효용은 달라지고, 또한 개인이라도 그의 경제사정에 따라 달라진다. 뿐만 아니라 효용의 크기는 재화의 소비량 변화에 따라 다르고, 기호의 변화 및 소비기간의 변화에 따라 다르다. 따라서 효용은 주관적인 것이며 그 크기의 측정과 개인 간의 비교가 불가능하다. 효용은 개인의 주관적 만족이나 재화의 보유량과는 관계없이 재화에 내재하는 고유한 성질을 나타내는 재화의 유용성이나 사용가치와는 구별되는 개념이다.

: 희소성

모든 사회가 직면하는 경제 문제는 희소성에서 비롯한다. 희소성이란 사람들의 욕구는 무한한 데 비해서 욕구를 채워줄 재화나 서비스를 사람들이 원하는 만큼 생산하기에는 자원이 부족한 상태를 말한다. 경제학에서는 절대적인 개수가 아니라 상대적인 의미에서 희소성을 정의한다. 어떤 재화가 아무리 많더라도 사람들의 욕망에 비해 충분하지 않다면 그 재화를 희소하다고 한다. 반대로 재화의 개수가 아무리 적어도 사람들이 그 재화를 필요로 하지 않는다면 그 재화를 희소하지 않다고 말한다.

: 유효수요

실제로 물건을 살 수 있는 돈을 갖고 물건을 구매하려는 욕구를 말한다. 확실한 구매력의 뒷받침이 있는 수요이다. 이에 대하여 구매력과 관계없이 물건을 갖고자 하는 것을 절대적 수요라고 한다.

가격이란

가격의 개념은 교환을 전제로 한다. 가격은 상품 간의 교환 비율로서 노동에 대해서는 임금으로, 자본에는 이자로 표현된다. 즉 가격은 물건이 가지고 있는 교환가치를 돈으로 나타낸 것이다.

: 가치와 가격의 구별

경제학에서는 가치와 가격은 같아진다는 관점을 가지고 가격을 중심으로 다룬다. 가치란 피셔의 장래 기대되는 편익을 현재가치로 환원한 값이라는 정의를 가격 산정의 기준으로 한다.

① 가치와 가격은 같다는 견해

경제학적 관점으로서 가격은 가치의 화폐적 표현으로, 시장의 자동조절 기능에 의해 가치와 가격은 같아진다는 견해이다. 즉 정상적인 시장과 상황에서 가치와 가격은 같다.

② 가치와 가격은 다르다는 견해

가격은 교환의 대가이고, 가치는 장래 기대되는 편익의 현재의 값으로, 가격은 과거의 값이고 가치는 장래의 기댓값인바 서로 같을 수도 있고 다를 수도 있다는 견해이다.

자산가치

자산가치란 자산을 보유함으로써 미래에 발생할 이익의 모든 것을 일시에 금액으로 표현한 것으로, 미래에 발생할 이익은 시간의 경과에 따라 증감하기에 가치도 변화하는바 가치판단은 특정 시점에서의 미래현재가치의 합의 형태로 나타난다.

보통 기업회계에서는 자산에 대한 평가가치를 지칭하는 개념으로 회계상의 자산, 청산가치에 따른 자산, 계속기업가치에 따른 자산 등 세 가지 방식으로 나누어진다.

회계상의 자산가치는 장부금액을 실사법인이 평가한 실재가치를 뜻한다. 청산가치는 최단 시간 내 처분 시 회수할 수 있는 자산의 규모를 지칭하는 개념이며, 계속기업가치에 따른 수익가치는 청산될 기업이 아니라 계속 영업활동을 하는 것을 전제로 향후 영업활동을 통한 현금흐름을 현재의 가치로 평가한 금액을 말한다.

제2장

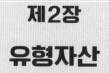

유형자산

1
유형자산이란

유형자산은 기업이 영업 활동을 하는 데 있어 장기간에 걸쳐 사용하기 위하여 소유하고 있는 자산 가운데 구체적인 형태가 있는 것을 뜻한다. 회계적 접근으로는 고정자산에 속하며, 무형자산과 대립된 개념의 자산으로서 일반적으로 재무제표상 보유하고 있는 자산 중 중요한 상당 부분을 차지한다. 또한 개인으로서 당신의 자산이 얼마인가 생각할 때, 유동자산으로서 금융자산인 예금·적금과 유형자산으로는 토지와 건물이 쉽게 연상된다.

인간이 육체적으로 형태를 가지고 있듯 유형자산은 형태를 가지고 있는 자산이며, 무형자산은 인간의 명성, 인격 등 한 개인을 구분하는 본질처럼 형태를 가지고 있지 않은 자산이다. 즉 한 개인의 본질을 육체와 정신으로 볼 때 정신적 부분을 나타내는 인성을 사회적으로 평가 표식하면 명성 등으로 나타나듯, 자산도 형태를 가지고 있는 유형자산과 형태는 없지만 존재하는 무형자산의 합이다.

2
유형자산의 분류 및 유형

유형자산은 부동산과 동산으로 나눌 수 있다. 부동산으로는 토지·건물 및 정착물 그리고 법률에서 인정하는 준부동산이 있으며, 동산으로는 기계기구·차량운반구·유체동산 등이 있다.

동산

법률적 정의로서, 동산이란 물건(유체물 및 전기 기타 관리할 수 있는 자영력) 가운데서 부동산(토지 및 정착물) 이외의 것을 말한다.

: 동산의 유형

① 일반 유체동산

부동산이 아닌 것으로 형체가 있고 개수를 헤아릴 수 있으며 현금화가 가능한 물건

② 특수 유체동산

(1) 집합동산

각각 독립된 여러 개의 동산이 집합하여 거래상 하나의 동산으로 다루어지는 경우, 그 동산의 집합물을 말한다.

(2) 증권에 그 인도청구권이 표창된 동산

창고증권　창고업자에게 임차(보관) 중인 물건의 반환청구권을 표창하는 유가증권

운송증권　운송인이 운송 중인 물건을 목적지에서 증권소지인에게 인도할 의무를 표창하는 유가증권

(3) 등기 또는 등록에 의하여 공시되는 동산

선박·자동차·건설기계·항공기가 관련 법률에 따라 등기 또는 등록되어 있으면 부동산에 준하는 법률적 지위를 갖는다. 다만 등록되어 있지 않으면 일반유체동산으로 다룬다.

: 동산과 부동산의 구분

① 권리 표시 방법

부동산　등기

동산　점유로 공시의 효과를 가진다.

② 점유에 따른 소유권 취득(민법 제245조, 제246조)

부동산　미등기 상태에서 20년 점유 혹은 등기 상태에서 10년 점유 시

동산　소유의사로 10년 혹은 무과실로 5년 점유 시

부동산

: 부동산의 법률적 개념

① 협의의 부동산

민법 제99조1항 토지 및 정착물

민법 제99조2항 부동산 이외의 물건은 동산이다.

(1) 토지

토지의 소유권은 정당한 이익이 있는 범위 내에서 토지의 상하에 미친다(미채굴의 광물은 국가에 광업권을 부여하는 권능이 있어 소유권이 미치지 못한다).

(2) 정착물

독립된 물건이나 동산과는 구별된다. 건물·수목의 집단과 농작물 등과 같이 지속적으로 토지에 부착돼 이용되어야 하며, 독립된 물건이나 가식 중에 있는 식물, 기타 쉽게 이동 가능한 물건은 정착물이 아니다.

② 광의의 부동산

부동산과 준부동산(의제부동산)을 포함한 개념

· 준부동산 유형

자동차·건설기계·항공기 개별법에 의한 등록의 대상물

선박 20t 이상의 선박으로서 선박등기법에 등기된 선박

입목 입목에 관한 법률에 의하여 소유권보존등기를 한 수목의 집단으로서 저당권의 설정 가능

공장재단 공장저당법에 의해 소유권의 보전, 이전등기와 저당권의 설정등기가 가능

광업재단 광업재단저당법에 의해 소유권의 보전, 이전등기와 저당권의 설정 등기가 가능

어업권　수산업법의 규정에 의하여 면허 또는 허가를 받아 어업을 할 수 있는 권리

ː 부동산의 권리

부동산에 대한 권리는 부동산에 대한 사용·수익·처분·배제·향유 및 소유에 대한 제반 권리로서, 배제권은 자신의 재산권에 대해 타인의 방해를 적극적으로 제거하는 권리이며, 향유권은 부동산을 통하여 획득할 수 있는 일조권, 조망권 등을 말한다. 부동산의 가격은 이러한 각각의 권리에 대한 가치의 합계액이다.

ː 부동산 소유권 형태

① 공동소유권

공유 부동산권, 합유 부동산권

② 복합소유권

합자소유권·조합소유권·리츠소유권·구분소유권·부동산회사에의 주주참여방식

③ 지역권의 설정 및 소멸

⑴ 지역권 설정 방법

한 사람이 다른 사람의 토지 위에 특정한 목적으로 토지를 사용하기 위해 가지는 권리로 출입권이나 통행권이 해당된다. 설정방법으로는 계약에 의해 성립·취득시효 지역권·암시적 지역권 등이 있다.

⑵ 지역권 소멸

- 지역권자의 포기
- 지역권 설정 시 인정된 특수한 목적이 소멸된 경우

3
유형자산의 가치

가치란 효용·희소성·유효수요에 의해 발생한다. 유형·무형자산의 가치평가는 이러한 이론을 기반으로 효용(유용성)·상대적 희소성·유효수요를 가치발생의 3요소로 보며, 효용과 유효수요(살 의사와 지불능력을 갖추고 있는 수요)는 수요 결정 요인이며, 상대적 희소성은 공급을 결정하는 요인으로 작용한다.

유형자산 가치평가

통상의 유형자산 또는 무형자산의 가치평가 방법으로는 경제학적 가치이론을 기반으로 전통적인 세 가지 방식인 비용접근법·소득접근법·시장접근법에 따른 개념이 가장 일반적으로 받아들여지고 있고, 이외에 소득접근법에서 변형 개발된 다양한 방법들이 이용되고 있다.

: 비용접근법

비용접근법은 자산의 가치는 해당 자산을 형성하는 데 투입한 비용과 동일하다는 가정에 근거한 평가방법이다. 가령, 공장의 기계장치가 지니고 있는 가치를 비용접근법으로 평가한다면 기계장치를 만들기 위해 투입된 여러 가지 금속재료의 원가와 금속을 가공·조립하는 데 소요된 또 다른 기계공구의 사용비, 그리고 재료의 구입에서부터 가공·조립에 이르기까지 투입된 인건비 등의 총합만큼이 기계장치의 가치라 보는 방법이다.

원가는 비용(객관적 가치)을 반영하는 것으로 공급자 측면에서 과거의 값으로서 하나가 존재하는바 미래의 현가로서 가격과 단기적으로는 불일치할 수 있으나 장기적으로는 수요 공급의 균형에 의해 일치한다.

: 소득접근법

만약 동일한 재료비와 인건비를 투입하여 제작된 기계장치가 동일한 재료비와 인건비를 투입하여 서로 다른 수익을 가져오는 제품을 생산해낸다면 소득 창출의 관점에서 더 많은 이익을 생산하는 기계장치의 가치가 더 높다고 생각할 수 있다. 이와 같이 소득접근법은 평가대상 자산이 창출하는 소득을 근거로 하여 해당 자산의 가치를 평가하는 방법이다.

소득접근법의 범주에 속하는 평가방법은 평가하는 소득의 유형이나 미래소득을 현재가치로 전환하는 방법 등에 따라 직접환원법, 수익환원법 등의 방법으로 구분된다.

: 시장접근법

평가 대상 자산에 대한 거래 시장이 존재하거나 비교 가능한 자산의 가격 또는 가치에 대한 정보가 구득 가능한 경우, 이를 근거로 해당 자산의 가치를 판단하는 방법이 시장접근법이다. 시장접근법은 비용접근법이나 소득접근법과 같이 평가 대상과 관련한 직접적인 평가정보를 획득하기 어려운 경우 쉽게 이용될 수 있다.

: 기타 평가방식

절대가치평가 방법은 특정 자산을 평가함에 있어 자산으로 인해 창출되는 미래소득의 현재가치로 해당 기술의 가치를 측정하려는 방법을 일컫는다. 이는 시장에서 거래되는 사례를 중심으로 평가하는 '상대적 평가'가 아니라, 다른 기술이나 거래를 참조하지 않고 오직 특정기술이 벌어들이는 미래의 소득만을 고려한 '절대가치'를 평가한다는 의미로 이해될 수 있다.

이는 전통적인 가치평가 방법의 하나의 소득접근법과 동일하다고 할 수 있는데, 소득접근법의 개념이 주로 부동산 평가를 중심으로 형성되어 정리된 것이라면, 절대가치평가의 개념은 무형자산이나 지적재산과 같은 부동산 이외의 자산 유형에 대한 평가로부터 출발하여 형성된 것이라 할 수 있다.

이로 인한 세부적인 적용 방법과 그 통칭은 소득접근법에 의한 구분과 다소 상이한데, 절대가치평가개념에 의한 평가방법으로는 ① 수익의 자본환원법(Capitalization of Earning) ② 초과수익의 자본환원법(Capitalization of Excess Earning) ③ 배당능력 자본환원법(Capitalization of Dividend Earning) ④ 할인현금수지법(Discounted Cash Flow) 등이 있다.

4
유형자산별 가치평가 요인

토지의 개념과 유형

토지란 일정한 범위의 지면에 정당한 이익이 있는 범위 내에서의 그 상하를 포함하는 것이다(민법 제212조). 따라서 땅속의 토사·암석·지하수 등은 토지의 구성성분으로서 토지의 일부이다.

국토교통부장관은 모든 토지에 대하여 필지별로 소재·지번·지목·면적·경계 또는 좌표 등을 조사·측량하여 지적공부에 등록하여야 한다(공간정보의 구축 및 관리 등에 관한 법률 제64조).

토지의 분할, 합병이 있는 경우와 등기사항에 변경이 있는 경우에는 그 토지 소유권의 등기명의인은 그 사실이 있는 때부터 1개월 이내에 그 등기를 신청하여야 한다(부동산등기법 제35조).

: 토지의 유형

나지 택지 위에 정착물이 없는 토지(저지·갱지·공지)

저지 정착물이 없는 토지 중 공·사법적 부담이 있는 토지

갱지 사법적 부담은 없으나, 공법상의 규제는 있는 토지

공지 부지 중 건물의 바닥면적을 제외한 토지

택지 주거용·상업용·공업용에 이용되거나, 이용 가능한 토지

소지 부지 등으로 개발되기 이전의 자연 그대로의 토지

부지 택지 등 건축용지(하천용지·철도용지·수도용지 등 포함)

맹지 도로에 직접 접하지 않는 토지

법지 법률상 사용권한은 있으나 실질적으로 사용이익이 없는 토지 (토지와 도로면과의 경사진 토지 부분인 법면 등)

선하지 고압전선 아래의 토지

건부지 건물이 정착되어 있는 토지

포락지 바다나 하천으로 변한 토지

유휴지 개발해야 할 토지를 개발하지 않고 방치한 토지

휴한지 정상적으로 쉬고 있는 토지

필지 법률적으로 하나의 지번이 있는 토지로서, 소유자의 권리가 미치는 토지

획지 인위적·행정적·물리적 기준에 의한 다른 토지와 구별되는 일단의 토지

후보지와 이행지 임지지역·농지지역·택지지역 상호 간 다른 지역 종별로 전환되는 지역의 토지

법적 권리가 설정된 토지 지상권 및 임차권이 설정된 토지
구분소유권이 설정된 토지

: 토지 유형별 특성

① 나지

일반적으로 지상에 건물·구축물 등 토지의 사용·수익에 지장이 되는 물건이 없는 토지를 말한다. 따라서 지상에 건물이나 구축물 등이 있는 건부지에 비하여 폭넓은 시장성을 보유한 것이 일반적이다.

② 대지

건축물이 있거나 설치될 보통 택지와 동일하게 사용할 수 있는 것으로 주거용·상업용·공업용 등의 건축물이 소재한 토지를 말한다.

③ 임지

현재 입목이 성립하고 있는 토지를 말한다. 그러나 미입목지 중에서도 벌채지와 같이 언젠가는 천연갱신 또는 인공식재를 통해 산림으로 조성될 토지도 임지로 보아야 한다. 따라서 임지란 산림 생산용 토지 또는 임업 경영대상의 토지이다.

④ 건부지

주택·공장·기타 여러 가지 건물의 부지로 쓰이는 토지를 말한다. 일반적으로 건부지는 부지상의 건물과 토지의 소유자가 동일하지만 다른 경우도 각각 가능하다.

⑤ 지상권이 설정된 토지

지상권이 설정되어 있는 토지로서, 토지의 가치는 실제 지불임료(또는 지상권의 지료)와 필요제경비 등을 고려하여 그 가치가 결정된다.

⑥ 일단지의 토지

사회적·경제적·행정적 측면에서 합리적이고 당해 토지의 가치형성 측면에서도 타당하다고 인정되는 관계에 있는 2필지 이상의 토지이다.

⑦ 맹지

대지는 건축물의 출입에 지장이 없다고 인정되는 경우나 건축물의 주변에 광장·공원·유원지 등 공지가 있는 경우를 제외하고는 최소한

2m 이상 도로에 접하지 아니하면 건축물을 건축할 수 없으며, 도로에 접하지 못하여 법적으로 대지가 될 수 없는 토지를 맹지라고 한다. 맹지는 사면이 막혀 쾌적성과 편의성이 저해되는 한편 최소한 다음과 같은 도로를 확보하지 않는 경우 건축허가가 되지 않는다.

막다른 도로의 길이	도로의 너비
10m 미만	2m 이상
10m 이상 35m 미만	3m 이상
35m 이상	6m 이상(읍·면 지역은 4m)

⑧ 공유지분 및 합동환지의 토지

일필의 토지를 공동목적 하에 결합된 인적결합관계가 없는 2인 이상이 공동소유하는 토지 또는 합동환지된 토지를 말한다.

⑨ 공법상 제한을 받는 토지

도시계획도로 저촉 토지·공원·유원지·광장·공하·운하·접도구역·녹지지역·개발제한구역·재개발구역·항만시설보호지구·군사시설 보호구역·기타 공법상 제한을 받는 토지이다.

⑩ 도시계획도로 저촉 토지

도시계획도로 저촉토지란 대상 토지가 해당 시·군·구청에서 계획하는 도시계획에 의하여 장래에 도시계획 시행 시 도로로 편입될 토지를 말한다. 도시계획에 의거 대상 토지가 계획도로에 편입이 되면 대상 토지는 그 이용에 있어 법적으로 상당한 제한을 받는다. 즉, 소유자의 의사로 건물을 신축하거나 증축·개축이 제한된다.

⑪ 개발제한구역 내 토지

개발제한구역 내 토지는 건축물의 건축, 용도변경, 형질변경 등의 행위가 제한되는 토지

⑫ 개발 관련 토지

개발 관련 토지의 가치는 개발 리스크에 따라 그 가치를 달리하는바, 개발 단계별로 개발리스크를 고려하여 성숙도에 따라 가치가 다르다.

토지의 가치평가

: 개발 토지의 가치평가

대상 토지를 개발했을 경우 예상되는 총매매(분양가치) 현재가치에서 개발비용의 현재가치를 공제한 값을 토지가치로 하는 방법으로서, 현금흐름할인분석법의 절차를 이용하여 개발대상 토지의 가격을 산정한다. 법적·물리적·경제적으로 분할 가능한 최적의 획지수를 분석한 후, 분할된 획지의 시장가치와 개발에 소요되는 제비용을 계산하여 개발에서 분양이 완료될 때까지의 현금수지를 예측하고 이를 현재가치로 환원해서 개발 대상 토지의 가격을 산정한다.

: 부동산의 용도에 따른 분류

부동산의 종별과 유형은 부동산의 경제적 가치의 형성을 파악하는 데 유용하다.

택지지역　주택지역·상업지역·공업지역

농지지역　전지역·답지역

임지지역　임야지역

이행지지역　어떤 지역에서 다른 지역으로 전환되어 가는 지역

: 토지 시장가치 의미

토지의 시장가치는 통상적인 시장에서 충분한 기간 거래를 위하여 공개된 후 그 대상 물건의 내용에 정통한 당사자 사이에 신중하고 자발적인 거래가 있을 경우 성립될 가능성이 가장 높다고 인정되는 대상 물건의 가액을 말한다.

: 법률에서 정하는 토지 가치평가 방법

법 시행규칙 《감정평가에 관한 규칙》에서 규정하는 방법으로, 대상토지와 가치형성요인이 같거나 비슷한 비교표준지의 공시지가를 기준으로 대상토지의 현황에 맞게 시점수정, 지역요인, 개별요인 비교 및 그 밖의 요인의 보정을 거쳐 대상토지의 가액을 산정하는 공시지가기준법으로 평가한다.

① 표준지 공시지가

평가대상 토지와 용도지역·이용 상황·지목·주변 환경 등이 동일하거나 유사한 인근지역에 소재하는 표준지 공시지가를 선정한다.

② 시점수정

공시기준일로부터 가격시점까지의 지가변동률과 생산자 물가상승률 등을 참작하여 결정한다.

③ 지역요인 및 개별요인 비교

(1) 비교방법

인근지역에 적정한 비교표준지와 평가대상 토지와 지역요인 및 개별요인을 비교한다. 지역요인 및 개별요인의 비교에 있어서 지역요인의 비교는 가격시점에 있어서 비교표준지가 있는 지역의 표준적인 획지의 표준적사용과 평가대상 토지가 있는 지역의 표준적인 획지의 표준적사용을 판정하여 비교한다.

(2) 지역요인 및 개별요인 비교항목

감정평가실무에서 적용되고 있는 실제적인 용도지대별 지역요인 및 개별요인의 조건, 항목 및 세항목은 다음 표와 같다(한국감정평가사협회 평가지침 인용).

〈상업지대의 지역요인〉

조건	항목	세항목
가로조건	가로의 폭, 구조 등의 상태	폭 · 포장 · 보도 · 계통 및 연속성
	가구의 상태	가구의 정연성 · 가구시설의 상태
접근조건	교통수단 및 공공시설과의 접근성	인근 교통시설의 편의성 · 인근 교통시설 이용 승객 수 · 주차시설의 정비 · 교통규제의 정도(일방통행, 주정차 금지 등) · 관공서 등 공공시설과의 접근성
환경조건	상업 및 업무시설의 배치 상태	백화점, 대형상가의 수와 연면적 · 전국 규모의 상가 및 사무소의 수와 연면적 · 관람집회시설의 상태 · 부적합한 시설의 상태(공장, 창고, 주택 등) · 기타 고객유인시설 등 · 배후지의 인구 · 배후지의 범위 · 고객의 구매력 등
	경쟁의 정도 및 경영자의 능력	상가의 전문화와 집단화 · 고층화 이용정도
	변화성의 정도	고객의 통행량 · 상가의 연립성 · 영업시간의 장단 · 범죄의 발생 정도
	자연환경	지반, 지질 등
행정적조건	행정상의 규제 정도	용도지역, 지구, 구역 등 · 용적 제한 · 고도 제한 · 기타 규제
기타조건	기타	장래의 동향 · 기타

〈상업지대의 개별요인〉

조건	항목	세항목
가로 조건	가로의 폭, 구조 등의 상태	폭 · 포장 · 보도 · 계통 및 연속성
접근 조건	상업지역 중심 및 교통시설과의 편의성	상업지역 중심과의 접근성 · 인근 교통시설과의 거리 및 편의성
환경 조건	고객의 유동성과의 적합성	고객의 유동성과의 적합성
	인근환경	인근 토지의 이용 상황 · 인근 토지의 이용 상황과의 적합성
	자연환경	지반, 지질 등
획지 조건	면적, 접면너비, 깊이, 형상 등	면적 · 접면너비 · 깊이 · 부정형지 · 삼각지 · 자루형획지 · 맹지
행정적 조건	행정상의 규제 정도	용도지역, 지구, 구역 등 · 용적 제한 · 고도 제한 · 기타 규제(입체이용 제한 등)
기타 조건	기타	장래의 동향 · 기타

〈주택지대의 지역요인〉

조건	항목	세항목
가로 조건	가로의 폭, 구조 등의 상태	폭 · 포장 · 보도 · 계통의 연속성
접근 조건	도심과의 거리 및 교통시설의 상태	인근 교통시설의 편의성 · 인근 교통시설의 도시 중심 접근성
	상가의 배치 상태	인근상가의 편의성 · 인근상가의 품격
	공공 및 편익시설의 배치 상태	유치원 · 초등학교 · 공원 · 병원 · 관공서 등
환경 조건	기상조건	일조, 습도, 온도, 통풍 등
	자연환경	조망, 경관, 지반, 지질 등
	사회환경	거주자의 직업, 연령 등 · 학군 등 · 획지의 표준적인 면적
	획지의 상태	획지의 정연성 · 건물의 소밀도 · 주변의 이용 상황
	공급 및 처리시설의 상태	상수도 · 하수도 · 도시가스 등
	위험 및 혐오시설	변전소, 가스탱크, 오수처리장 등의 유무 · 특별고압선 등의 통과여부
	재해발생의 위험성	홍수, 사태, 절벽붕괴 등
	공해발생의 정도	소음, 진동, 대기오염 등
행정적 조건	행정상의 규제 정도	용도지역, 지구, 구역 등 · 기타 규제
기타 조건	기타	장래의 동향 · 기타

〈주택지대의 개별요인〉

조건	항목	세항목
가로 조건	가로의 폭, 구조 등의 상태	폭 · 포장 · 보도 · 계통의 연속성
접근 조건	교통시설과의 접근성	인근 대중교통시설과의 거리 및 편의성
	상가와의 접근성	인근 상가와의 거리 및 편의성
	공공 및 편익시설과의 접근성	유치원, 초등학교, 공원, 병원, 관공서 등과의 거리 및 편의성
환경 조건	일조 등	일조,통풍 등
	자연환경	조망, 경관, 지반, 지질 등
	인근환경	인근토지의 이용상황 · 인근토지의 이용상황과의 적합성
	공급 및 처리시설의 상태	상수도 · 하수도 · 도시가스 등
	위험 및 혐오시설	변전소, 가스탱크, 오수처리장 등의 유무 · 특별고압선 등과의 거리
	면적, 접면너비, 깊이, 형상 등	면적 · 접면너비 · 깊이 · 부정형지 · 삼각지 · 자루형획지 · 맹지
	방위, 고저 등	방위 · 고저 · 경사지
	접면도로 상태	각지 · 2면획지 · 3면획지
행정적 조건	행정상의 규제 정도	용도지역, 지구, 구역 등 · 기타 규제(입체이용제한 등)
기타 조건	기타	장래의 동향 · 기타

〈공업지대의 지역요인 및 개별요인〉

지역요인		
조건	항목	세항목
가로 조건	가로의 폭, 구조 등의 상태	폭 · 포장 · 보도 · 계통의 연속성
접근 조건	판매 및 원료구입시장과의 위치관계	도심과의 접근성 · 항만, 공항, 철도, 고속도로, 산업도로 등과의 접근성
	노동력 확보의 난리	인근 교통시설과의 접근성
	관련 산업과의 관계	관련 산업 및 협력업체 간의 위치관계
환경 조건	공급 및 처리시설의 상태	동력자원 · 공업용수 · 공장배수
	공해 발생의 위험성	수질 및 대기오염 등
	자연환경	지반, 지질 등
행정적 조건	행정상의 조장 및 규제 정도	조장의 정도 · 규제의 정도 · 기타 규제
기타 조건	기타	공장진출의 동향 · 장래의 동향 · 기타

개별요인		
조건	항목	세항목
가로 조건	가로의 폭, 구조 등의 상태	폭 · 포장 · 보도 · 계통의 연속성
접근 조건	교통시설과의 거리	인근 교통시설과의 거리 및 편의성 · 철도 전용 인입선 · 전용 부두
환경 조건	공급 및 처리시설의 상태	동력자원 · 공업용수 · 공장배수
	자연환경	지반, 지질 등
획지 조건	면적, 형상 등	면적 · 형상 · 고저
행정적 조건	행정상의 조장 및 규제 정도	조장의 정도 · 규제의 정도 · 기타 규제
기타 조건	기타	기타

〈농경지대(전·답지대)의 지역요인 및 개별요인〉

지역요인		
조건	항목	세항목
접근조건	교통의 편부 등	취락과의 접근성 · 출하 집적지와의 접근성 · 농로의 상태
자연조건	기상조건	일조, 습도, 온도, 통풍, 강우량 등
	지세	경사의 방향 · 경사도
	토양, 토질	토양, 토질의 양부
	관개, 배수	관개의 양부 · 배수의 양부
	재해의 위험성	수해의 위험성 · 기타 재해의 위험성
행정적조건	행정상의 조장 및 규제 정도	보조금, 융자금 등 조장의 정도 · 규제의 정도
기타조건	기타	장래의 동향 · 기타

개별요인		
조건	항목	세항목
접근조건	교통의 편부	취락과의 접근성 농로의 상태
자연조건	일조 등	일조, 통풍 등
	토양, 토질	토양, 토질의 양부
	관개, 배수	관개의 양부 · 배수의 양부
	재해의 위험성	수해의 위험성 · 기타 재해의 위험성
	면적, 경사 등	면적 · 경사도 · 경사의 방향
	경작의 편부	형상 부정 및 장애물에 의한 장애의 정도
행정적조건	행정상의 조장 및 규제 정도	보조금, 융자금 등 조장의 정도 · 규제의 정도
기타조건	기타	장래의 동향 · 기타

〈임야지대의 지역요인 및 개별요인〉

지역요인		
조건	항목	세항목
접근조건	교통의 편부 등	인근역과의 접근성 · 인근취락과의 접근성 · 인도의 배치, 폭, 구조 등 · 인근시장과의 접근성
자연조건	기상조건	일조, 기온, 강우량, 안개, 적설량 등
	지세 등	표고 · 경사도 · 경사의 굴곡
	토양, 토질	토양, 토질의 양부
행정적조건	행정상의 조장 및 규제 정도	행정상의 조장의 정도 · 국·도립공원, 보안림, 사방지 지정 등의 규제 · 기타 규제
기타조건	기타	장래의 동향 · 기타

개별요인		
조건	항목	세항목
접근조건	교통의 편부 등	인근역과의 접근성 · 인근취락과 접근성 · 인도의 배치, 폭, 구조 등 · 반출지점까지의 거리 · 반출지점에서 시장까지의 거리
자연조건	일조 등	일조, 통풍 등
	지세, 방위 등	표고 · 방위 · 경사 · 경사면의 위치 · 경사의 굴곡
	토양, 토질	토양, 토질의 양부
행정적조건	행정상의 조장 및 규제 정도	조장의 정도 · 국·도립공원, 보안림, 사방지 지정 등의 규제 · 기타 규제
기타조건	기타	장래의 동향 · 기타

〈후보지지대의 지역요인〉

조건	항목	세항목
접근 조건	도심과의 거리 및 교통시설의 상태	인근 교통시설과의 접근성 · 인근 교통시설의 성격 · 인근 교통시설의 도시 중심 접근성
	상가의 배치 상태	인근시장과의 접근성 · 인근상가의 품격
	공공 및 편의시설의 배치 상태	유치원, 초등학교, 공원, 병원, 관공서 등
	주변 가로의 상태	주변 간선도로와의 접근성 및 가로의 종류 등
환경 조건	기상조건	일조, 습도, 온도, 통풍 등
	자연환경	조망, 경관, 지반, 지질 등
	공급 및 처리시설의 상태	상하수도, 가스전기 등 설치의 난이
	인근환경	주변 기존 지역의 성격 및 규모
	시가화 정도	시가화 진행의 정도
	도시의 규모 및 성격 등	도시의 인구, 재정, 사회, 복지, 문화, 교육시설 등
	위험 및 혐오시설	변전소, 가스탱크, 오수처리장 등의 유무 · 특별고압선 등의 통과여부
	재해발생의 위험성 공해발생의 정도	홍수, 사태, 절벽붕괴 등 · 소음, 진동, 대기오염 등
택지 조성 조건	택지조성의 난이도 및 유용성	택지조성의 난이도 및 필요 정도 · 택지로서의 유효 이용도
행정적 조건	행정상의 조장 및 규제 정도	조장의 정도 · 용도지역, 지구, 구역 등 · 기타 규제
기타 조건	기타	장래의 동향 · 기타

〈후보지지대의 개별요인〉

조건	항목	세항목
접근 조건	교통시설과의 접근성	인근 상가와의 거리 및 편의성 · 인근 교통시설과의 거리 및 편의성
	공공 및 편익시설과의 접근성	유치원, 초등학교, 공원, 병원, 관공서 등과의 거리 및 편의성
	주변 가로의 상태	주변 간선도로와의 거리 및 가로의 종류 등
환경 조건	일조 등	일조, 통풍 등
	자연환경	조망, 경관, 지반, 지질 등
	공급 및 처리시설의 상태	상하수도, 가스전기 등 설치의 난이
	위험 및 혐오시설 등	변전소, 가스탱크, 오수처리장 등의 유무 · 특별고압선 등과의 거리
	면적, 형상 등	면적 · 형상 · 접면도로의 상태
	방위, 고저 등	방위 · 경사 · 고저
택지 조성 조건	택지조성의 난이도 및 유용성	택지조성의 난이도 및 필요 정도 · 택지로서의 유효 이용도
행정적 조건	행정상의 조장 및 규제 정도	조장의 정도 · 용도지역, 지구, 구역 등 · 기타 규제
기타 조건	기타	장래의 동향 · 기타

④ 그 밖의 요인 보정

인근지역의 지가수준 등을 적정하게 반영하기 위하여 그 밖의 요인이 필요하다. 그 밖의 요인 보정치는 표준지 공시지가와 정상가격과의 차이를 반영하기 위하여 평가선례, 거래사례 등을 표준지 공시가격과 비교하여 그 차이 비교율을 보정한다.

⑤ 토지가격 산정

토지가격(단가) = 표준지 공시지가(단가) × 시점수정 × 지역요인 비교 × 개별요인 비교 × 그 밖의 요인 비교치

: 건축법상 용어

① 건축물

건축물이란 토지에 정착하는 공작물 중 지붕과 기둥 또는 벽이 있는 것과 이에 부수되는 담장·대문 등의 시설물, 지하 또는 고가(高架)의 공작물에 설치하는 사무소·공연장·점포·차고·창고, 그 밖에 대통령령으로 정하는 것을 말한다(건축법 제2조 ①항 2호).

② 가설건축물

시장·군수·구청장이 도시계획시설 또는 도시계획시설 예정지에 있어서 지방자치단체의 조례가 정하는 바에 의하여 다음 각각의 기준에 따라 허가한 건축물을 의미한다. (1) 철근콘크리트조 또는 철골철근콘크리트조가 아닐 것 (2) 존치기간은 3년 이내일 것. 다만, 도시·군계획사업이 시행될 때까지 그 기간을 연장할 수 있다. (3) 3층 이하일 것 (4) 전기·수도·가스 등 새로운 간선 공급설비의 설치를 요하지 아니할 것 (5) 공동주택·판매시설·운수시설 등으로서 분양을 목적으로 건축하는 건축물이 아닐 것

③ 건축설비

건축물에 설치하는 전기·전화·초고속 정보통신·지능형 홈네트워크·가스·급수·배수(配水)·배수(排水)·환기·난방·소화·배연(排煙)·오물처리 설비·굴뚝·승강기·피뢰침·국기 게양대·공동시청 안테나·유선방송 수신시설·우편물 수취함·기타 건설교통부령이 정하는 설비를 말한다(건축법 제2조 ①항 4호).

④ 주요 구조부

건물의 해체·수선·방화·내화 등과 재해 발생 시 구조물의 안전을 도모하는 구조부분으로서 내력벽·기둥·바닥·보·지붕틀 및 주 계단 등이 이에 해당되며 사이기둥·최하층바닥·작은 보·차양·옥외계단 등은 제외된다(건축법 제2조 ①항 7호).

: 건축구조의 분류

① 구조체 재료에 의한 분류

건축물의 힘을 받는 구조체(기둥, 보)의 재료에 의한 분류로 목조, 블록조, 벽돌조, 철근콘크리트조 등이 있다.

구분	내용
목조	뼈대를 나무로 연결·접합시킨 구조
블록조	Block + Mortar
벽돌조	벽돌 + Mortar
석조	외벽을 돌로 쌓은 구조
콘크리트조	RC(Reinforced Concrete)조 · PC(Precast Concrete)조 · PS(Prestressed Concrete)조 · 무근콘크리트조
철골조	
철골 철근 콘크리트조	

② 구조체 방식에 의한 분류

구분	내용
조적조	벽돌조, 석조, 블록조와 같이 역학상 힘을 받는 부분의 각 개체를 쌓아 올린 구조
가구식 구조	목조, 철골조 등과 같이 보, 기둥을 짜맞추거나, 핀(Pin)으로 접합한 구조로서, 각 부재를 원형대로 해체할 수 있는 구조
일체식 구조	속칭 라멘(Rahmen)조라고 하며, 기둥과 보등이 고정적으로 접합된 철근콘크리트 구조를 말함.

: 주택의 유형

구분	유형
단독주택	단독주택(가정보육시설의 포함)
	다중주택: 학생 또는 직장인 등 다수인이 장기간 거주할 수 있는 구조 독립된 주거의 형태가 아닐 것, 연면적이 330㎡ 이하이고 층수가 3층 이하일 것
	다가구주택: 주택으로 쓰이는 층수가 3개층 이하일 것(다만 1층 전부를 피로티 구조로 하여 주차장으로 사용하는 경우에는 피로티 부분을 층수에서 제외), 1개동의 주택으로 쓰이는 바닥면적(지하 주차장 면적 제외)의 합계가 660㎡ 이하일 것
	공관
공동주택	아파트: 주택으로 쓰이는 층수가 5개층 이상인 주택
	연립주택: 주택으로 쓰이는 1개 동의 연면적(지하 주차장 면적 제외)이 660㎡ 초과, 층수가 4개층 이하인 주택
	다세대주택: 주택으로 쓰이는 1개 동의 연면적(지하 주차장 면적 제외)이 660㎡ 이하, 층수가 4개층 이하인 주택
	기숙사: 학교 또는 공장 등의 학생 또는 종업원 등을 위하여 사용, 공동취사 등을 할 수 있는 구조이되, 독립된 주거의 형태를 갖추지 아니한 것

: 면적의 산정 방법

① 대지

지적법에 의해 각 필지로 구획된 토지를 말한다. 다만, 건축법시행령이 정하는 토지에 대하여는 2 이상의 필지를 하나의 대지로 하거나(일단지), 1 이상의 필지의 일부를 하나의 대지로 할 수 있다(건축법 시행령 제3조 ②항). 이와 구분하여 지적법에서 규정하고 있는 지목의 하나인 '대'는 영구적 건축물 중 주거·사무실·점포와 박물관·극장·미술관 등 문화시설과 이에 접속된 정원 및 부속 시설물의 부지와 국토의 계획 및 이용에 관한 법률 등 관계 법령에 의한 택지조성공사가 준공된 토지를 말한다.

② 건축면적

건축물(지표면으로부터 1m 이하에 있는 부분을 제외한다.)의 대지 점유 면적을 표시한 것으로 기둥 또는 외벽의 중심선으로 둘러싸인 부분의 수평 투영 면적을 뜻한다. 다만, 공동주택은 외벽의 내부선을 기준으로 전용면적을 산정한다.

③ 바닥면적

건축물의 각층 또는 그 일부로서 벽·기둥, 기타 이와 유사한 구획의 중심선으로 둘러싸인 부분의 수평 투영 면적을 말한다.

④ 연면적

건축물의 각층 바닥면적의 합계를 말한다(지하층 및 옥상 포함). 다만 용적률 산정 시에는 지하층의 면적과 지상의 주차용으로 사용되는 면적은 제외한다.

⑤ 건폐율

대지면적에 대한 건축면적(대지에 2 이상의 건축물이 있는 경우에는 이들 건축면적의 합계로 산정한다.)의 비율을 말한다. 그 최대 한도는 국토의 계획 및 이용에 관한 법률 제77조의 규정에 의한 건폐율의 기준에 의한다.

⑥ 용적률

대지면적에 대한 건축물의 연면적(대지에 2 이상의 건축물이 있는 경우에는 이들 연면적의 합계로 산정한다.)의 비율을 말한다. 그 최대 한도는 국토의 계획 및 이용에 관한 법률 제78조의 규정에 의한 용적률의 기준을 따른다.

건물의 가치평가

건물의 가치를 평가하는 방법에는 원가법이 주로 이용되며, 가격시점에서 대상 물건의 재조달원가에 감가수정을 하여 대상 물건이 가지는 현재의 가격을 구하는 방법이다. 그 외에 거래사례비교법, 수익환원법이 활용될 수 있다.

: 건축물 재조달원가

〈간접법(건물신축단가표 활용)에 의한 건물평가 절차도〉

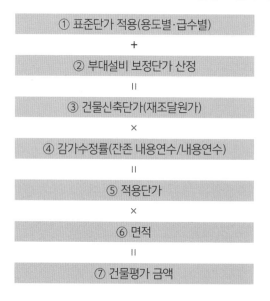

① 표준단가 적용(용도별·급수별)

\+

② 부대설비 보정단가 산정

=

③ 건물신축단가(재조달원가)

×

④ 감가수정률(잔존 내용연수/내용연수)

=

⑤ 적용단가

×

⑥ 면적

=

⑦ 건물평가 금액

재조달원가는 가격시점에서 대상 건축물을 재생산하거나 재취득하는 데 소요되는 적정원가로 복제원가와 대체원가가 있다. 복제원가는 동일한 노동력으로 동일한 원자재 구조를 가진 물건을 재생산하는 데 들어가는 비용이고, 대체원가는 동등한 효용을 가진 물건으로 대체하는 데 들어가는 비용이다.

재조달원가 산정 방법은 대상건물의 건축비 내역을 이용하는 직접법과 건물신축단가표와 같이 표준적인 단가를 적용하는 간접법이 있다.

부동산별 가치평가 방법

: 주거용 부동산의 평가

주거용 부동산의 평가는 감정평가 3방식을 적용하는 것이 가능하다. 그러나 우리나라에서는 아직 임대주택이 보편화되어 있지 않으므로 수익방식을 적용하는 데 한계가 있다. 주거용 부동산은 대체로 거래가 활발하고 거래사례 자료의 포착이 용이한 측면이 있으므로 비교방식의 적용이 가능하다. 단독주택의 경우 토지가격과 건물가격을 각각 산정하여 평가는 원가방식이 주로 활용되며 비교방식 등을 적용함으로써 원가방식의 단점을 보완할 수 있다.

: 공동주택의 평가

공동주택은 건축물의 벽·복도·계단·그 밖의 설비 등의 전부 또는 일부를 공동으로 사용하는 각 세대가 하나의 건축물 안에서 각각 독립된 주거생활을 영위할 수 있는 구조로 된 주택을 뜻한다. 아파트, 연립주택, 다세대주택은 일반적으로 구분등기에 의해 구분소유권이 성립되어 구분건물로서 거래가 가능하다. 집합건물의 소유 및 관리에 관한 법률 제20조 제1항은 ***구분소유자의 대지사용권은 그가 가지는 전유부분의 처분에 따른다***라고 규정한다. 전유부분과 대지사용권의 일체성 원칙에 따라 구분건물은 건물의 전유 및 공유부분과 대지사용권을 일체로 하여 거래가 이루어진다. 공동주택은 대체로 거래가 활발하고 거래사례자료의 포착이 용이하기에 비교방식의 평가가 일반적이다.

: 상업용 부동산의 평가

① 상업용 부동산의 유형

상업·유통활동에 제공되는 부동산은 유형이 다양하며 (1) 근린생활시설 (2) 판매 및 영업시설 (3) 숙박시설 (4) 위락시설 (5) 일반 업무시설 등으로 구분할 수 있다. 상업용 부동산은 또한 그 형태가 복합적으로 나타나고 있다. 즉 업무시설과 판매시설이 결합되거나 업무시설과 주거시설이 혼합된 오피스텔, 호텔시설에 판매시설을 보완하는 등의 형태를 볼 수 있다.

② 평가 방법

상업용 부동산은 부동산으로부터 얻을 수 있는 수익성을 기초로 하여 거래가 이루어지거나 개발이 되므로 수익방식에 의한 평가가 이론적으로 타당하다고 볼 수 있다. 이러한 이론적 타당성에도 불구하고 현실적으로 상업용 부동산의 평가는 토지가격과 건물가격을 구분하여 평가하는 원가방식에 의존하고 있다. 우선 원가방식은 투입된 비용 측면을 고려하게 되므로 상업용 부동산의 수익성을 판단하는 것이 용이하지 않다. 대상 부동산의 최유효 이용 또는 과잉투자 여부를 판단하기 위해서는 수익방식과 비교방식의 적용이 불가피하다.

③ 상업용 건물의 분석

상업용 건물의 분석에서는 건물의 구조·면적·마감재 등에 대한 기본적 사항 외에도 건물의 출입 형태·광고판·조명·매장 규모·매장의 전면 폭 등에 대한 분석이 이루어져야 한다.

④ 수익방식의 환원이율 또는 할인율의 결정

대상 부동산 또는 대상 사업체의 순수익을 환원 또는 할인하여 가치를 산정하기 위해서는 적정한 환원이율 또는 할인율을 적용하여야 한다. 가치산정에 적용되는 순수익의 개념이 평가대상에 따라 상이하므로 이에 적용되는 환원이율 또는 할인율도 상이한 개념으로부터 출발해야 한다. 부동산에 적용되는 환원이율은 부동산과 관련된 자본비용을 기준으로 하나, 사업체 부동산에 적용되는 환원이율은 부동산을 이용한 사업 투자와 관련된 가중평균 자본비용을 기준으로 한다. 그러므로 환원이율은 일반적으로 상이하게 결정된다.

: 업무용 부동산의 평가

① 업무용 부동산의 유형

상업용 부동산 중에서 기업 등의 업무에 제공되는 부동산이라 할 수 있다. 대표적인 업무용 부동산으로 오피스 빌딩이 있으며 건축법에서는 업무시설을 일반업무시설과 공공업무시설로 구분하여 그 용도와 규모에 대해 다음과 같이 규정하고 있다.

업무시설	정의
일반업무시설	금융업소, 사무소, 신문사, 오피스텔, 그 밖에 이와 유사한 것으로서 제2종근린생활시설에 해당하지 아니하는 것
공공업무시설	국가 또는 지방자치단체의 청사와 외국공관의 건축물로서 제1종근린생활시설에 해당하지 아니하는 것

② 평가 방법

업무용 부동산은 일반적으로 수익이 발생하는 상업용 부동산의 한 부분에 속하므로 상업용 부동산의 평가방법과 유사하다. 업무용 부동산이 주요한 부동산 투자 대상 중의 하나로 대두됨에 따라 평가도 수익을 기초로 한 수익방식의 적용이 불가피하다고 볼 수 있다.

: 공업용 부동산의 평가

공장의 평가는 유형고정자산의 평가액과 무형고정자산의 평가액을 합산하여 행한다. 유형고정자산은 토지·건물·기계기구·구축물 또는 과잉유휴시설로 구분하여 평가한다.

① 토지

공장부지의 평가가격은 당해 토지와 용도, 주위 환경 등이 동일 또는 유사한 인근지역에 소재하는 표준지의 공시지가를 기준으로 평가한다. 경우에 따라서는 임대료 또는 조성비용 등을 고려할 수 있다.

② 건물

건물의 평가는 원가법에 의한다. 다만, 원가법에 의한 평가가 적정하지 아니한 경우에는 거래사례비교법 또는 수익환원법에 의할 수 있다. 원가법으로 평가할 경우, 감가수정은 정액법을 적용하되 잔가율은 일반적으로 고려하지 않는다.

③ 기계기구

원가법에 의한 복성가격(감가수정은 정률법에 의하되 관찰감가법을 적절히 활용할 수 있다.)

가격시점 현재의 재조달원가 – 정률법에 의한 감가수정 누계 가격시점 현재의 재조달원가 × 정률법에 의한 잔존가치율

대상 물건과 동일한 상태(예 중고품인 경우 중고상태 등)로서의 시중거래가격이 형성되어 있는 경우 비준가격

제3장

무형자산

1
무형자산이란

무형자산의 정의

무형자산이란 미래의 기업가치 창출에 공헌하고 있는 브랜드·특허권·종업원지식 등으로 구성된, 물리적 실체가 없지만 미래 경제적 효익이 있는 비화폐성 자산을 말한다.

: 기업회계기준서에서의 무형자산

기업회계기준서에서 자산은 과거 사건의 결과로, 기업이 통제하고 있고 미래 경제적 효익이 유입될 것으로 기대되는 자원으로 정의된다.

오늘날 지식경영의 새로운 패러다임 시대에 기업의 가치나 기업의 경쟁력은 과거와 같이 유형자산의 크기가 아닌 인적·지적재산 등의 무형가치가 기업의 진정한 가치와 경쟁우위를 나타낸다.

기업의 자산은 크게 운전자본, 유형자산, 그리고 무형자산 세 부분으로 구성된다. 운전자본과 유형자산은 재무상태표에 나타나지만, 무형자산은 기업이 보유하고 있는 핵심역량임에도 불구하고 일부를 제외하고는 일반적으로 나타나지 않으며, 그것에 대한 가치 인식도 상대적으로 낮았던 것이 사실이다.

기업의 가치는 유형자산은 물론, 무형자산에 대한 정확한 가치평가가 전제될 때 진정한 가치로서의 객관성과 신뢰성을 가질 수 있다. 오늘날 주식시장에서 주식가치가 장부가치에 비해 몇 배 이상의 값으로 평가받고 있는 기업들은 흔히 발견할 수 있는바 이러한 주식시장에서의 주식가치는 무형자산의 가치가 유형자산과 더불어 주식가격에 반영되고 있다고 볼 수 있다.

기업가치에서 무형자산이 차지하는 비중의 증가는 특히 전기·전자 및 정보통신 산업 등 첨단산업에서 크게 나타나고 있다. 기업들은 상황에 따라 재조직·매도·교환·인수합병된다. 이 과정에서 기업가치의 정확한 추계는 필수적이라고 할 수 있다.

: 무형자산과 영업권의 구별

IASB(International Accounting Standards Board, 국제회계기준위원회)는 무형자산을 *물리적 실체는 없지만 식별 가능한 비화폐성 자산*으로 정의하고 있다.

IASB는 영업권과 달리 무형자산의 가치는 대체로 계약이나 법적으로 이전된 권리에서 발생한다는 점에 주목하였다. 취득한 영업권의 경우, 그 영업권의 가치는 피취득기업을 구성하는 자산의 집합에 의해 발생하거나 기업이나 사업의 결합에서 예상되는 시너지 효과와 같이 사업결합을 통한 자산집합으로부터 창출되는 가치에 의해 발생한다.

IASB는 많은 무형자산이 식별 가능하고 계약상 또는 법적 권리로부터 발생하지만 일부는 기업 전체로부터 쉽게 분리할 수 없는 재산권을 형성한다는 점에 주목하였다. 예를 들어, 일부 국가의 법에선 기업에 인가된 어떤 라이선스는 기업 전체를 매각할 때만 양도 가능하다. IASB는 계약상 또는 기타 법적 권리로부터 무형자산이 발생한 사실이 무형자산과 영업권이 구별되는 특성이라고 결론지었다. 따라서 사업결합으로 취득한 그러한 특성이 있는 무형자산은 영업권과 분리하여 자산으로 인식한다.

무형자산의 분류

무형자산의 분류 체계는 학자, 학문적 접근방식에 따라 다양하게 제시되고 있으며, 일률적으로 표현하기는 어려우나 목적에 따라 여러 가지로 분류할 수 있다.

우선 Smith & Parr은 무형자산을 권리·관계·집단무형물·지식재산권의 4가지로 나누었다. 첫째, 권리는 기업이 정부·개인·다른 기업과 계약을 맺음으로써 획득하는 것이다. 인허권·등록권·프랜차이즈 같은 각종 권리를 말한다. 둘째, 관계는 기업이 대내외적으로 외부기관·다른 회사·개인들과 맺는 관계로서 고용인들의 조직화된 노동력·고객 관계(판매망), 배분자 관계(예 대리점과의 배분체계 등)를 지칭한다. 셋째, 집단무형물이란 이상에서 분류된 것 이외의 잔여 무형자산을 통칭하는 말이다. 이것을 영업권 또는 계속기업가치라고 부르기도 한다. 보는 이에 따라 이 두 개념을 서로 다른 개념으로 보기도 하고 같은 개념으로 혼용하기도 하며, 영업권이란 개념도 상당히 모호하여 사용하는 사람에 따라 약간씩 의미를 달리하고 있다. 넷째, 지식재산권은 인간의 지적활동을 통해 창출된 가치로서 법령에 의해 등록되고 보호되는 것으로, 특허·디자인·노하우·저작권·미술작품·상표권·브랜드명·프랜차이즈·계약권·프로그램·시스템·기타 비물리적 속성을 지닌 지식재산권으로서의 가치가 있는 것 등이 속한다.

다른 분류 방식으로 Relly & Schweihs는 무형자산을 크게 시장자산·인적자산·지적자산으로 구분한다. 시장·고객·영업권 관련 무형자산을 시장자산으로 설명하며, 인적자산은 인력자본 관련 무형자산을, 지적자산은 예술·기술·자료처리·엔지니어링·위치 관련 무형자산을 말한다.

다른 구분에서는 무형자산 자체보다는 무형자산을 구성하는 원천이 무엇이냐에 따라 지적자산이나 지적자본을 중심으로 언급하는 특징이 있다. 무형자산도 내용을 검토하면 결국 지적자산이라는 것이다. 그러기에 무형자산과 지적자본, 지적자산이 함께 혼용되어 사용되기도 한다. 이처럼 평가자에 따라 무형자산을 달리 분류할 수 있으며 완벽한 분류는 없다. 일반적인 분류기준에 의한 개별자산이 다른 관점에서는 중복되거나 달리 분류될 수도 있다. 또한 무형자산에 대한 가치창조의 중요성 관점에서 무형자산이 가치창조와 관련하여 어떤 효익과 비용을 갖는가 하는 측면에서 살펴볼 필요가 있다.

Edvinsson은 무형자산을 인적자산·고객자산·혁신자산·프로세스(구조적)자산으로 분류하고 각 항목에 따라 측정지표를 도출하여 보고서로 작성하였다. Sveiby 모형에서는 무형자산을 기업이 보유한 역량·내부 구조·외부 구조로 분류하였다. Sveiby 모형은 종업원을 전문가 집단과 지원인력 집단으로 나누어 지적자본 형성의 기초요인으로 간주하였다. 전문가 집단의 업무는 외부 구조, 지원인력 집단의 업무는 내부 구조, 전문가 인력의 역량은 개인 역량에 해당된다.

뉴욕대학의 무형자산연구센터(IRC)에서는 Lev를 주축으로 무형자산을 세부자산으로 나누어 연구하였다. 영업권·브랜드자산·지식재산권·구조적 자산·고객자산 및 공급자 자산으로 세분화했던 것이다.

그 외 Stwart는 무형자산(지식자산)을 크게 구조적 자산·인적자산·고객자산으로 구분하였고, 회계연구원 보고서는 지식자산을 인적자산·지식재산권·인프라자산·고객자산으로 분류 및 보고하였다.

이처럼 이들의 분류 체계는 다소 차이가 있지만 공통적인 요소로 인적자산·고객자산·프로세스자산(구조적 자산)을 들 수 있다.

2
브랜드자산

브랜드자산의 의의

브랜드자산을 고객자산과 유사한 분류 자산으로 볼 때 회계연구원 보고서에서는 *시장에서의 경쟁우위를 누리게 하는 고객과의 원활하고 유기적인 관계, 신축적이고 효율적인 공급망 구축 여부 등을 나타내는 자산이다*라고 하였다. 즉 고객자산은 기업과 고객과의 유기적 관계라고 볼 수 있으며, 고객의 입장에서는 브랜드라는 이미지로 형상화된다고 볼 수 있다.

브랜드자산의 가치결정 방식에 대해 Simon & Sullivan은 주가를 기반으로 브랜드자산 가치를 측정하였다. 우선 기업의 무형자산을 기업의 시가 총액에서 유형자산을 차감한 것으로 정의하고, 무형자산이 브랜드자산 가치·브랜드 외적 요소가치·그리고 산업 요소에 의해 결정된다고 보았다. 또한 브랜드자산가치는 브랜드 수요를 증대시키는 요소(브랜드 수명, 당해·직전년도 광고비)와 브랜드로 인해 감소하는 마케팅 비용의 가치(시장진입 순위, 경쟁자에 대한 광고비)로 이루어진다고 보고,

시장점유율과 관찰 가능한 브랜드 관련 요소 및 비브랜드 요소와의 관계를 연구하였다.

무형자산의 세부자산으로서의 브랜드자산은 기업이 가지고 있는 고객의 이미지·관계 등으로 나타낼 수 있으며, 이는 기존 보유 고객과 앞으로 확보하게 될 고객과의 관계 유지 및 창출 능력으로 볼 수 있으며, 이를 위해 기업은 기업 이미지와 상품 등을 전시·홍보하며, 광고비 투자 등을 하게 된다.

브랜드자산의 접근 방식

: 마케팅적 접근

Aaker는 브랜드의 기여도가 높으면 높을수록 기업의 가치가 증가한다고 보아 브랜드를 하나의 자산으로 인식하여 *한 브랜드와 그 브랜드의 이름 및 상징에 관련된 자산과 부채의 총체로서 이는 제품이나 서비스가 그 기업의 고객에게 제공하는 가치를 증가시키거나 감소시키는 역할을 한다*고 정의하였다. 브랜드자산을 이루고 있는 자산과 부채는 ① 브랜드 로열티 ② 브랜드 이름 인지도 ③ 소비자가 인식하는 제품의 질 ④ 브랜드의 연상 이미지 ⑤ 특허·등록상표·유통관계 등과 같은 기타 독점적 브랜드자산으로 제시하였다.

미국 마케팅협회(American Marketing Association; AMA)는 브랜드자산을 *판매자가 자신의 상품이나 서비스를 다른 경쟁자와 구별해서 표시하기 위해 사용하는 명칭·용어·상징·디자인 혹은 그의 결합체*라고 정의하였다. 미국의 마케팅학자와 실무계가 합동으로 마케팅을 연구하는 모임(Marketing Science Institute)에서는 브랜드자산을 *소비자와 유통경로 참가자, 그리고 기업 입장에서 무상표보다 더 높은 매출액과 마진을 보장하며, 경쟁자에 비해 강하고 지속적이며 차별화된 우위를 제공해주는 집합체*라고 정의하고 있다.

한편 Keller는 브랜드란 어떤 제품이나 서비스가 브랜드를 가졌기 때문에 발생한 바람직한 마케팅 효과(높은 상표 애호도, 시장 점유율 등)라고 정의하며 브랜드자산은 소비자의 브랜드 충성도에 의해 창출되며 또한 고객의 높은 브랜드 인지도와 강력하고 호의적인 브랜드 연상으로부터 형성된다고 보았다.

: 회계학적 접근

Simon & Sullivan은 브랜드자산에 대해 *브랜드가 있음으로써 향후 발생할 증분이익*이라고 정의하였다. Aaker에 의하면 브랜드자산은 *한 브랜드와 그 브랜드의 이름 및 상징에 관련된 차변의 자산과 대변의 지분으로서 이는 제품이나 서비스가 그 기업의 고객에게 제공하는 가치를 증가시키거나 감소시키는 역할을 한다*고 정의된다. 즉 브랜드자산을 차변의 자산과 대변의 지분으로 볼 수 있다고 정의함으로써 타회사의 브랜드를 구입한 매수브랜드의 경우에는 자산으로 보아 대차대조표의 차변에 속한다. 자사의 브랜드가 우수하여 가격을 내릴 경우 시장점유율이 증가하거나 가격을 상승시켜도 기존의 시장점유율을 유지한다면 해당 기업은 타 기업보다 브랜드자산이 있다고 판단되며, 이를 지분(자가창설)으로 볼 경우 자산상태표의 대변에 속한다.

3
인적자산

인적자산은 조직구성원들의 노하우, 능력, 전문적 지식을 포함한다(회계연구원 보고서). 인적자산은 기업이 종업원의 이직을 감소시키고 직원들에게 긍정적인 유인을 제공함으로써 자질이 우수한 종업원을 고용·보유하기 위한 목적을 바탕으로 한다. 종업원의 훈련을 위한 투자·유인에 기반을 둔 보상제도, 대학이나 연구소와의 제휴를 통한 학습 등과 같은 독특한 인사정책과 보상정책에 의해 창출된다(Lev).

최근의 기업 환경은 급속히 변화하고 있으며, 신기술의 출현에 대응하지 못하면 도태되는바 많은 자원을 기업 혁신에 투자하고 있다. 자본시장의 발달은 값비싼 자본의 조달을 용이하게 만들었으며, 자본시장 자체가 신규 기업들이 노리는 시장에 진입하는 것을 즐겨하기 때문에 이러한 변화는 필연적인 것이 되었다.

세계적 범위의 글로벌 시장에서 프로세스의 혁신과 품질 개선이 점점 더 요구되고 있으며, 이는 재질 있는 직원에 의해 수행될 수 있는바 혁신이 확대될수록 인적 자원의 중요성은 더 커지게 된다.

Ballester & Livnat & Shinha는 기업의 인건비와 관련된 지출액의 시장가치를 평가하였다. 이들은 인건비를 자발적으로 따로 보고하는 기업을 대상으로 인건비를 공시하는 기업과 공시하지 않은 기업의 차이점을 분석하고 인건비의 시장가치를 평가하였다. 1978년부터 1997년까지의 개별 기업의 시계열 자료를 이용하여 Probit 분석을 실시한 결과 규모가 큰 기업일수록, 그리고 규제산업에 속한 기업일수록 인건비를 자발적으로 공시한 기업이 많았다. 분석결과는 총 인건비 중 16%를 자산화할 수 있고, 매년 34%의 인적자산이 비용화되며, 인적자산은 평균 5% 정도 시장가치에 기여한다고 나타났다.

인건비와 지식자산 가치에 대한 연구는 구조적 자산이나 브랜드(고객)자산에 비해서는 그 수가 미미하다. 실제로 기업은 연차보고서에서 종업원의 수와 급여에 관한 사항 정도를 밝히고 있을 뿐이어서 인적자산의 측정에 필요한 추가적인 정보를 얻기가 매우 힘들다. 미국보다 관련 정보의 공개가 되지 않은 한국에서는 더욱 그렇다.

4
구조적 자산

구조적 자산이란 기업이 혁신을 이루어낼 수 있는 기반이 되는 자산을 의미하며, 이러한 기반은 재무적인 것에서부터 조직적인 것 모두를 포함한다. 신기술 개발을 위한 연구개발비 투자, 조직 내 지식경영 시스템을 통한 조직원들 간 정보 공유를 위한 투자 등이 구조적 자산에 해당한다고 볼 수 있다.

우리나라 회계기준에서는 연구개발 지출이 일정한 요건을 충족할 때 당기의 비용이 아닌 자산으로 인식하도록 하고 있다. 하지만 미국의 재무회계기준심의회(FASB)에서는 연구개발 지출 전액을 당기 비용화하도록 규정하고 있다.

연구개발비가 기업의 성과나 가치에 미치는 영향에 관한 연구들은 대부분 연구개발 이외의 다른 투자가 기업성과에 미치는 영향을 통제하고, 당기 혹은 그 이전부터의 연구개발 지출이 이연되어 현재의 기업성과에 영향을 미치고 있다는 모델을 설정한 다음, 이를 데이터에 적용해 통계적인 유의성을 검증하는 방법을 따르고 있다.

Ballester & Garcia-Ayuso & Livnat은 개별기업에 대한 시계열 자료를 이용하여 연구개발비의 가치를 검증하였다. 이들은 연구개발 지출의 효익이 미래에 지속되기 때문에 발생한 기간에 비용처리되지 않고 자산으로 축적된다고 가정한 후, Ohison의 초과이익 모형을 사용하여 연구개발 자산이 미래 이익 예측치·장기간 이익 성장 예측치·주식수익률과 양의 상관관계가 있음을 검증하였다. 그 결과를 바탕으로, 주식투자자들은 연구개발과 관련된 지출을 경제적 자산으로 인식하고 있기 때문에 현재 연구개발 지출액의 일정 부분을 자산으로 처리해야 한다고 주장했다.

5
가치평가 결정 요인

무형자산 유형

무형자산은 기업의 영업활동에서 유사한 성격과 용도를 가진 자산끼리 묶어서 분류한다. 이러한 종류의 예는 ① 브랜드명 ② 제호와 출판표제 ③ 컴퓨터 소프트웨어 ④ 라이선스와 프랜차이즈 ⑤ 저작권·특허권·기타 산업재산권·용역운영권 ⑥ 기법·방식·모형·설계 및 시제품 ⑦ 개발 중인 무형자산 ⑧ 재무제표와 같다. 이용자의 목적에 더 적합한 정보를 제공할 수 있다면 무형자산의 분류를 더 큰 단위로 통합하거나 더 작은 단위로 세분화할 수 있다.

무형자산 기여이익

: 무형자산 발생 요인

무형자산의 가치 발생 요인은 미래경제적 효익이다. 무형자산의 미래경제적 효익은 제품의 매출·용역수익·원가절감 또는 자산의 사용에 따른 기타 효익의 형태로 발생할 수 있다. 예를 들어 제조과정에서 지적재산을 사용하면 미래 수익을 증가시키기보다는 미래 제조원가를 감소시킬 수 있다.

: 기업가치 및 무형자산 기여이익

기업은 주된 영업활동을 위한 자산 이외에 유동성 확보 등을 위하여 직접적인 사업 목적 외의 자산을 보유한다. 이렇듯 기업의 자산은 영업활동을 위한 자산과 비영업활동을 위한 자산으로 구분할 수 있다. 또한 다른 접근으로 기업가치는 크게 눈에 보이는 재무적 자산과 실체가 보이지 않는 비재무적 자산, 즉 무형자산으로 나눠볼 수 있다.

재무적 자산이란 측정이 가능한 금융 및 유형자산으로서 기존의 재무제표에 기록되어 있어 측정이 용이한 자산을 말한다. 보유 목적에 따라 영업활동을 위한 사업용 자산과 영업활동과는 무관하나 기업의 유동성 확보, 투자 등을 위한 비사업용 자산으로 나뉜다. 비재무적 자산은 실체가 보이지는 않으나 기업이익에 공헌하는 모든 무형자산을 말한다. 기업가치는 재무적 자산인 사업용 자산과 비사업용 자산, 그리고 비재무적 자산인 무형자산으로 이루어진다고 볼 수 있다. 따라서 기업이익은 크게 ① 기업 사업자산에 의한 영업활동으로부터 발생한 이익 ② 비사업자산에 의한 영업활동 이외의 활동에 기인한 이익 ③ 정상 이익에 대해 초과이익 성격의 무형자산으로부터 발생한 이익으로 나눌 수 있다.

무형자산으로부터 발생한 무형자산 기여이익은 무형자산의 결정 요인들로부터 창출된다. 크게 세 가지로 분류되는 무형자산 결정 요인들은 다양하고 주관적이며 정성적인 자료이다.

무형자산의 결정 요인 중 첫째 브랜드자산은 고객자산으로 분류되기도 하지만 이러한 브랜드자산에 대해 광고선전비·시장개척비 등을 발생 요인으로 한정한다. 그 이유는 고객에게 기업의 제품을 알리고 이미지를 형성하며 고객 창출을 위한 투자 및 지출 비용으로서 광고비 및 시장개척비가 직접적이고 객관적인 관련 비용이라고 볼 수 있기 때문이다.

둘째 인적자산의 발생 요인으로서 교육훈련비는 종업원의 교육을 통한 인적 자원의 개발은 기업의 지식을 창출하고 통합·공유할 수 있는 기반을 마련하며, 기업의 영업활동에 보다 더 전문적이고 효율적으로 생산활동을 할 수 있게 한다. 이러한 이유로 교육훈련비를 직접적이고 관련적인 인적자산의 발생 요인으로 본다.

셋째 연구개발비와 무형자산 상각비 등을 구조적 자산 발생 요인으로 대체한다. 이는 기업의 신제품 개발·특허·신안실용권 등을 위한 비용으로 기업 프로세스자산의 기반을 제공하므로 구조적 자산의 형성과 관련이 높다고 볼 수 있는바 이를 발생 요인으로 본다.

이상과 같이 재무제표에 표시된 광고비·교육훈련비·연구개발비 등을 무형자산 결정 요인의 발생 비용으로 본다.

기업가치 기여이익도

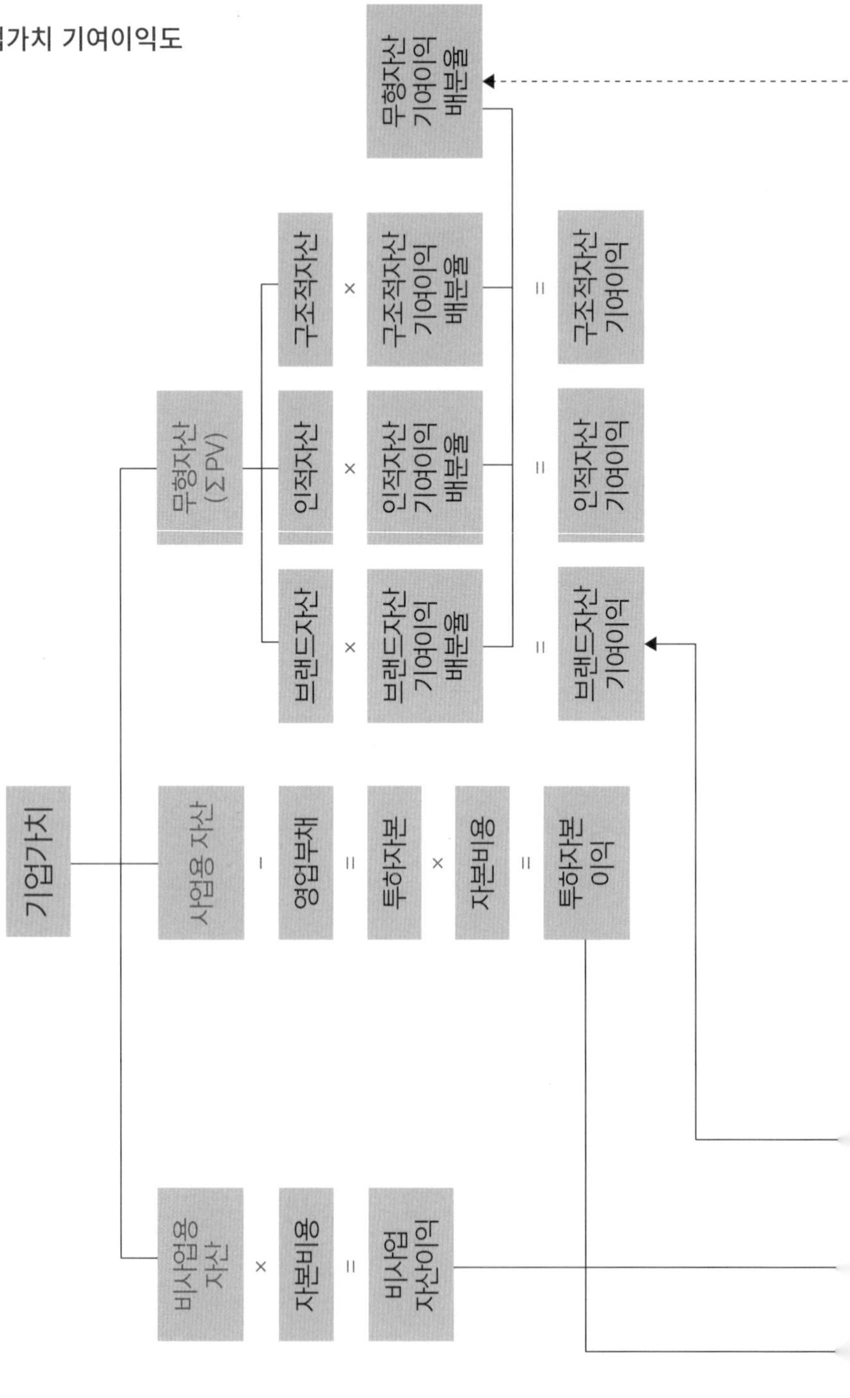

기업가치
사업용 자산
영업부채
투하자본
자본비용
투하자본 이익
무형자산 (ΣPV)
브랜드자산
브랜드자산 기여이익 배분율
브랜드자산 기여이익
인적자산
인적자산 기여이익 배분율
인적자산 기여이익
구조적자산
구조적자산 기여이익 배분율
구조적자산 기여이익
무형자산 기여이익 배분율
비사업용 자산
자본비용
비사업 자산이익

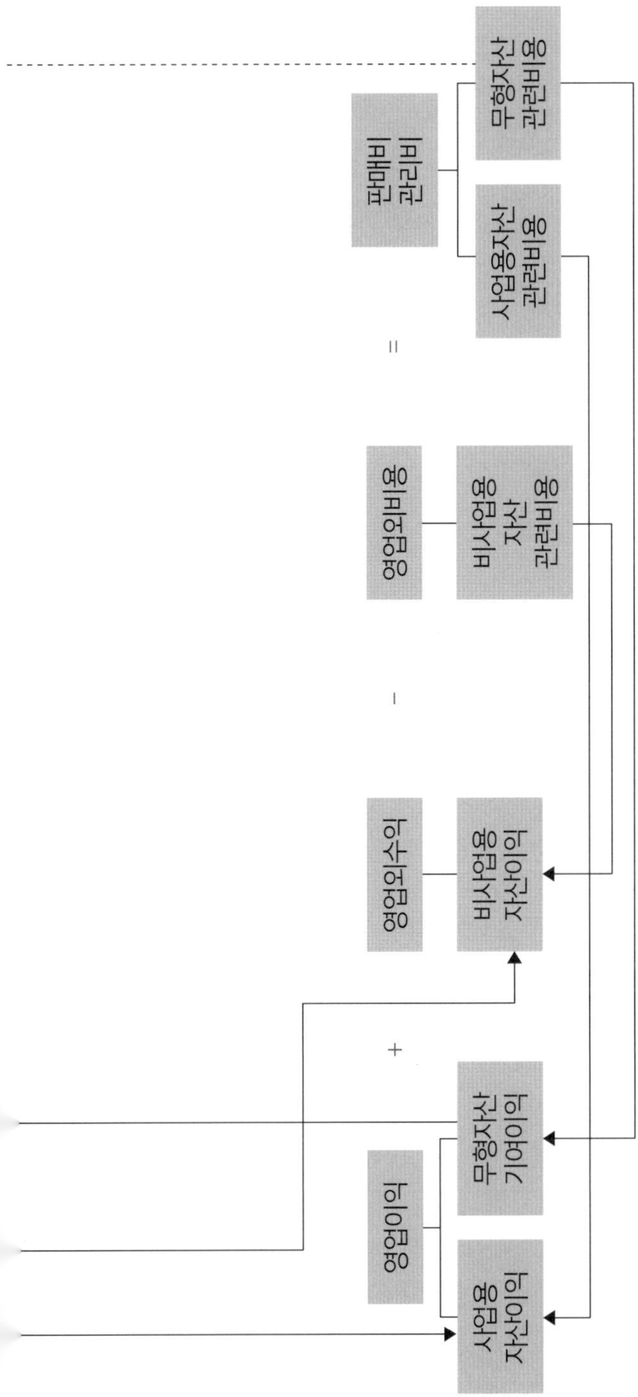
영업이익
사업용 자산이익
무형자산 기여이익
+
영업외수익
비사업용 자산이익
-
영업외비용
비사업용 자산 관련비용
=
판매비 관리비
사업용자산 관련비용
무형자산 관련비용

무형자산가치 결정 요인 측정

무형자산 가치를 결정하는 4대 요인은 ① 자산 인식 ② 이익 측정 ③ 할인율 ④ 수익 창출 기간이다.

: 비사업용 자산과 사업용 자산

① 비사업용 자산과 사업용 자산의 구별

비사업용 자산이란 사업에 직접적으로 투하되지 않은 자산으로서, Feltham & Ohlson은 일반적으로 기업이 비사업용의 금융자산을 보유하는 목적은 투자이익보다는 유동성 확보에 더 큰 비중을 두고 있다고 하였다. 이는 무위험 수익률만을 획득한다는 의미이다. 즉, 초과이익이나 기업운영 이익률과는 무관하게 일시적 자산으로서 유동성 확보 등이 목적인바 기본 수익률만으로 그 필요성을 달성한다고 볼 수 있는 자산이다.

이에 비해 사업용 자산이란 기업의 주된 영업활동을 위해 투입된 자산을 말한다. 이는 EVA의 투자자본 개념과 유사하나, 차이가 있다면 대차대조표상의 무형자산을 사업용 자산에 포함시키지 않았다. 그 이유는 기업가치의 요인이 사업용 자산·비사업용 자산·무형자산으로 분류되어 있으며, 재무제표상의 무형자산이 아닌 실제 기업의 무형자산 가치를 측정함이 그 목적인바, 재무제표상의 무형자산은 사업용 자산에서 제외된다.

사업용 자산은 투하자본의 성격으로 기본 최저수익률 목적으로는 산업 평균수익률을 목표로 하며, 산업 평균수익률을 초과하는 초과수익률 부분은 당해 기업의 무형자산을 형성한다. 그러므로 무형자산 기여이익은 산업 평균수익률의 초과이익분으로 구성된다고 볼 수 있다.

② 자산의 구성요소

비사업용 자산 및 사업용 자산의 구분은 각 기업의 재무제표를 근거로 하여 분류 및 산출한다.

우선 비사업용 자산을 산출한 후 총자산에서 비사업용 자산을 차감한 후, 순유형자산(유형자산에서 건설 중인 자산 차감)과 재무제표상의 무형자산을 차감하고 비이자 발생부채인 영업부채를 차감하여 투하자본의 사업용 자산을 산출한다.

비사업용 자산의 구성 계정은 단기금융상품·유가증권·단기대여금(주주임원종업원 대여금 제외)·장기금융상품·장기성예금·투자유가증권·특수관계자 투자유가증권·장기대여금(주주임원종업원 대여금 제외)·기타 투자자산·투자부동산 등으로 구성되어 있다. 즉 사업과 관계가 없는 금융상품이나 대여금, 투자자산이라고 요약할 수 있다.

사업용 자산을 살펴보면 현금 및 현금등가물·매출채권·단기 및 장기 대여금 중 주주임원종업원 대여금·미수금·선급금·선급비용·보증금·재고자산·장기성 매출채권·장기미수금·장기선급비용·부도어음·유형자산(건설 중인 자산 제외)에서 비이자 발생부채의 영업부채인 매입채무·미지급금·미지급배당금·관계회사 및 기타 미지급금·선수금·예수금·수입보증금·미지급비용·선수수익·기타 유동부채·미지급세금·임대보증금·장기성 매입채무·기타 고정부채·이연법인세대 등을 차감하여 구한다.

③ 자산의 회귀계수 (α), (β)

비사업용 자산의 회귀계수 (α)는 비사업용 자산, 즉 사업 목적 외 자산을 보유함으로써 발생한 최저 수익률로서, 사업 본연의 업무와는 무관한 유동성 확보 등이 목적이므로 보유에 따른 기본 수익률인 무위험

수익률이면 만족된다고 볼 수 있다. 그러므로 이러한 수익률 즉 무위험 이자율이 비사업용 자산의 계수로 이용된다. 무위험 이자율로는 일반적으로 국고채(만기 5년)의 이자율을 대용치로 이용한다.

사업용 자산의 회귀계수 (β)는 사업용 자산에 투자하기 위해 조달된 자본비용으로서, 기업이 이 자산으로부터 창출해야 하는 최저 필수수익률이다. 즉, 조정된 가중평균 자본비용이 사업용 자산계수로 이용된다. 조정된 가중평균 자본비용은 무형자산의 자본비용을 제외한 순사업용 자산의 자본비용을 말한다.

: 이익 측정

① 영업이익과 비용 측정

기업의 재무제표에 나타난 비용과 이익의 인식에는 여러 가지 방법이 있다. 이익 측정에도 현금주의, 발생주의 회계이익 등이 있으며, 현금주의는 발생주의 회계이익의 현금흐름을 조정하기도 한다. 또한 비용처리에 있어서도 발생주의 회계처리와 현금주의는 달리 조정한다. 이렇듯 어떠한 방침으로 처리하는가에 따라 측정액이 달리 산출될 수 있다.

기업 영업이익 측정 방법은 손익계산서상의 (1) 영업이익 (2) 영업이익에 영업 외 비용을 차감하고 영업 외 수익을 더함으로써 영업이익을 측정하는 법인세차감전순이익 두 가지가 있다. 이렇게 측정한 영업이익은 기업의 잠재적 이익의 반영 여부에 따라 미래이익을 반영한다. 미래이익의 반영 방법에는 여러 가지(이동평균법, 매출액성장률법 등)가 있으나, 최대한 불확실한 요소를 제거하고 현재 나타나 있는 측정치만으로, 평가 시점에서 무형자산의 가치측정은 업의 기업회계기준이나 감정평가규칙 등에서 무형자산·영업권 평가 등의 기준으로 제시하고 있는 기업의 최근 3개년 영업이익을 산술평균한 것을 측정치로 한다. 측정 목적(무형자산 투자·담보·컨설팅·기업의 미래가치 측정·신규사업을 위한 경쟁시장 측정 등)에 따라서는 미래이익의 측정이 중요한바, 영업이익의 미래이익 반영에 대해서 이동평균법 또는 매출액성장률법 등을 사용할 수 있다.

비용의 산출 역시 영업이익 측정방식에 따라서 손익계산서상의 (1) 판매비·관리비와 (2) 판매비·관리비와 영업 외 비용의 합으로 측정할 수 있다. 판매비·관리비는 사업용 자산의 영업 행위 관련하여 영업수익 창출을 위한 비용과 현재 및 미래의 무형자산을 형성하는 데 소요된 발생 비용의 합으로 볼 수 있고, 영업 외 비용은 대부분 비사업용 자산과 관련 발생 비용으로 볼 수 있다.

종합해 보면 영업이익과 비용의 산출은 기업의 공시된 재무제표상의 이익과 비용에 대한 내용을 최대한 사용함을 원칙으로 한다. 무형자산의 측정 대상·목적 및 주어진 환경과 상황에 따라 재무제표상의 측정 요소를 조정할 수 있으나, 기본적으로 일반적이고 객관적인 공시 내용의 형태를 그대로 인정하여 측정함으로써 소송 평가 등에서 당사자 간 재무제표상의 내용 조정에 따른 측정 가치의 이해 다툼을 줄이는 데 그 목적이 있다.

② 무형자산 발생비용 측정 및 배분

무형자산 기여이익은 기여이익 배분율에 따라 결정 요인인 브랜드 자산, 인적자산 및 구조적 자산에 배분한다. 기여이익 배분율은 무형자산 결정 요인별 발생 비용의 비율에 따라 측정된다.

먼저 연구개발비와 무형자산 가치의 관계에 대해 살펴보겠다. 우리나라 회계 기준에서 연구개발 회계 처리는 연구개발 지출이 일정한 요건을 충족할 때 당기의 비용이 아닌 자산으로 인식하도록 하고 있으며 미국에서는 전액을 당기 비용화하도록 규정하고 있다. 연구개발비가 기업의 성과나 가치에 미치는 영향에 관한 연구들은 대부분 당기 혹은 그 이전부터의 연구개발 지출이 이연되어 현재의 기업성과에 영향을 미치고 있다는 모델을 설정한 다음, 통계적인 유의성을 검증하는 방법을 따르고 있다. Lev & Sougiannis는 제조업을 대상으로 광고비와 연구개발비 지출이 영업이익에 미치는 영향을 분석하였다. 당기 영업이익을 종속변수로, 전기의 광고비, 그리고 과거 연구개발비의 합계를 독립변수로 하는 회귀분석을 수행하여 자산가치와 자산으로부터 얻는 이익 간 관계로부터 연구개발 자산과 감모율을 계산하여 연구개발비의 자본화에 대한 근거를 제시하였다.

둘째 인적자산과 무형자산 가치의 관계 그리고 대용치에 관한 자료는 인적자산의 측정에 필요한 정보가 한정되어 있기 때문에 다른 자산가치 자료에 비해 부족하다. Ballester, Livnat & Shinha는 기업의 인건비와 관련된 지출액의 시장가치를 평가하였다. 이들은 인건비를 자발적으로 공개하는 기업과 비공개 기업의 차이점을 분석하고 인건비의 시장가치를 평가하였다.

셋째 브랜드자산과 무형자산 가치의 관계 그리고 대용치로서 광고비에 대해서는 어느 정도 연구되고 있으며, 외국의 선행연구로서 Simon & Sullivan은 주가를 기반으로 브랜드자산가치를 측정하였다. 브랜드가치는 브랜드수요 증대요소(브랜드 수명, 직전년도 광고비)와 브랜드에 의한 마케팅 비용의 감소 가치(경쟁자 브랜드 광고비)로 이루어진다고 보고 무형자산 가치와 브랜드자산 가치를 측정하였으며, 한편

Gu & Lev는 무형자산가치의 요인으로 인적자산·구조적 자산·고객자산 등 크게 세 가지로 구분한 후 이들 요인의 대용치로 연구개발비·교육훈련지·광고비를 이용하였다.

: 필요자본 수익률

① 비사업용 자산 필요 수익률

사업 운영에 직접적으로 필요하지 않은 예비적 성격의 비사업용 자산에 적용되는 수익률은 특별하거나 비정상적인 투자수익률이 아니어야 한다. 따라서 기업가치를 제대로 측정하기 위해서는 비사업용 자산이 기업의 평균적 영업이익에 크게 영향을 미쳐서는 아니 되며 동종기업의 표준적 금융자산 등의 수익률로 측정되어야 한다. 이는 곧 안정적이며 일정한 운용이익률로서 적합한 무위험 이자율이 그 성격상 타당하다 할 수 있다. 거래 기간이 비교적 오래된 국민주택채권 1종(만기 5년)의 유통수익률을 무위험 이자율로 이용할 수 있다.

② 사업용 자산 가중평균 자본비용

사업용 자산은 사업의 영업에 직접적으로 사용되는 유형자산 등으로서 투하자본의 자산이다. 가중평균 자본비용을 이용하여 사업용 자산의 자본비용을 구하면, 가중평균 자본비용의 구성요인은 부채비용과 자기자본비용으로 나눠볼 수 있다. 일반적인 가중평균 자본비용의 산출식은 다음과 같다.

$$ADWACCi = \frac{IB}{IB+EQ}K_d(1-t) + \frac{IB}{IB+EQ}Keji$$

IB : 이자발생부채　EQ : 지기자본의 시장가치　Kd : 부채비용
Keji : J기업이 속한 I산업의 자기자본비용　t : 실효법인세율

(1) 부채비용

부채비용과 자기자본비용은 시가기준으로 계산되어야 하나, 부채비용의 경우 시장가치를 계산하기 위한 자료를 구하기 어렵기 때문에 장부가액으로 대신한다.

부채비용 = (총이자비용+사채발행비실제발생액) / 이자발생부채
총이자비용 = 이자비용+사채이자+사채할인발행차금상각
+사채상환손실-사채상환이익
사채발행비의 실제발생액 = 기말사채발행비+사채발생비상각
-기초 사채발행비

(2) 자기자본비용

자기자본비용은 부채비용에 비해 상대적으로 추정하기가 복잡하고 어렵다. 자기자본비용은 일반적으로 CAPM을 이용하여 산출한다. CAPM을 이용한 자기자본비용 산출식은 다음과 같다.

$$K = R_f+[E(R_m)-R_f]\beta_i$$

K_{eji} : I산업의 J기업 자기자본비용
R_i : 무위험이자율
$E(R_m)$: 시장포트폴리오 수익률
β_i : I산업의 평균베타

무위험이자율은 통상 국고채(만기 5년)의 이자율 및 국민주택채권(만기 5년)의 유통수익률을 대용치로 이용한다. 또한 자기자본비용에는 유형자산과 무형자산의 자본비용이 존재하기 때문에 이에 대한 조정으로 개별기업의 베타대신에 산업별 평균베타를 이용하며, 산업별 평균베타는 한국증권연구원(KSRI)의 자료를 이용한다. 그리고 시장포트폴리오 수익률은 KOSPI 종합주가수익률을 이용한다.

③ 할인율 결정방식

(1) 법률에서 정하는 할인율

「상속세 및 증여세법」 시행령 제59조 (무체재산권 등의 평가)

② 영업권의 평가는 다음 산식에 의하여 계산한 초과이익금액을 평가기준일 이후의 영업권지속연수(원칙적으로 5년으로 한다)를 감안하여 기획재정부령이 정하는 방법에 의하여 환산한 가액에 의한다. 다만, 매입한 무체재산권으로서 그 성질상 영업권에 포함시켜 평가되는 무체재산권의 경우에는 이를 별도로 평가하지 아니하되, 당해 무체재산권의 평가액이 환산한 가액보다 큰 경우에는 당해 가액을 영업권의 평가액으로 한다.
[최근 3년간(3년에 미달하는 경우에는 당해 연수로 한다)의 순손익액의 가중평균액의 100분의 50에 상당하는 가액-(평가기준일 현재의 자기자본×1년만기정기예금이자율을 감안하여 기획재정부령이 정하는 율)]

제19조 (무체재산권 등의 평가)

① 영 제59조제2항 산식에서 "기획재정부령이 정하는 율"이라 함은 100분의 10을 말한다.
② 영 제59조제5항 전단에 따른 특허권·실용신안권·상표권·디자인권 및 저작권등의 가액은 다음의 산식에 의하여 환산한 금액의 합계액으로 한다.
각 연도의 수입금액 ÷ $(1+10/100)^n$
n: 평가기준일부터의 경과연수

· 자기자본비용 측정

자본자산 가격결정모형(CAPM)
= 무위험수익률 + 인플레이션 + 사업의 위험율(미래현금흐름 변동성)
$K_e = R_f+\beta[E(R_m)-R_f]$

보통주 자기자본비용
= 무위험이자율 + 개별주식의 베타[보통주기대평균수익률-무위험이자율]
(시장위험프리미엄)
β = 주식을 발행한 기업 영업위험 및 재무위험의 크기를 반영하는 값
{해당 업종 과거 ROE(자기자본수익률, Return On Equity)평균을 이용}

· 타인자본비용 측정

조달한 차입금 이자율 등: Kd = rx(1-t)
Kd = 부채의 세후 자본비용　r = 이자율(가중평균)　t = 법인세율

: 수익창출기간의 측정

① 상표권 존속기간

상표권은 설정등록에 의하여 발생하는데 상표권의 존속기간은 설정등록이 있는 날로부터 10년이며, 상표권의 존속기간 갱신등록출원에 의하여 10년씩 그 기간을 갱신할 수 있으므로 계속 사용을 하는 한 반영구적인 효력을 갖는다(「상표법」 제83조 상표권의 존속기간).

② 특허권 수명주기

특허권은 설정등록에 의하여 발생하는데 특허권의 존속기간은 설정등록한 날로부터 특허출원일 후 20년이 되는 날까지이며, 특허발명을 실시하기 위하여 다른 법령에 따라 허가를 받거나 등록 등을 하기 위하여 필요한 유효성. 안정성 등 시험으로 인하여 장기간 소요되는 발명인 경우에는 그 실시할 수 없었던 기간에 대하여 5년의 기간까지 그 특허권의 존속기간을 한 차례만 연장할 수 있다(「특허법」 제88조 특허권의 존속기간).

「상속세 및 증여세법」 시행규칙 제19조 제3항
③제2항의 산식을 적용함에 있어서 평가기준일부터의 최종 경과연수는 당해 권리의 존속기간에서 평가기준일 전일까지 경과된 연수를 차감하여 계산한다. 이 경우 평가기준일부터의 최종 경과연수가 20년을 초과하는 때에는 20년으로 한다.

③ 영업권 내용연수

(1) 「법인세법」 무형고정자산 내용연수

「법인세법」 시행령 제28조 제1항 (내용연수와 상각률)

① 감가상각자산의 내용연수와 당해 내용연수에 따른 상각률은 다음 각호의 규정에 의한다.

1. 기획재정부령이 정하는 시험연구용자산과 제24조 제1항 제2호 가목 내지 라목의 규정에 의한 무형고정자산 기획재정부령이 정하는 내용연수와 그에 따른 기획재정부령이 정하는 상각방법별 상각률(이하 "상각률"이라 한다)

「법인세법」 시행규칙 제15조 제2항 (내용연수와 상각률)

② 영 제28조제1항 제1조에서 "기획재정부령이 정하는 내용연수"라 함은 별표 2 및 별표 3에 규정된 내용연수를 말하고, 동호에서 "기획재정부령이 정하는 상각방법별 상각률"이라 함은 별표4에 규정된 상각률을 말한다.

「법인세법」 시행규칙 별표 3 (무형자산의 내용연수표)

구분	내용연수	무형자산
1	5년	영업권, 디자인권, 실용신안권, 상표권
2	7년	특허권
3	10년	어업권, 「해저광물자원 개발법」에 따른 채취권(생산량비례법 선택 적용), 유료도로관리권, 수리권, 전기가스공급시설이용권, 공업용수도시설이용권, 수도시설이용권, 열공급시설이용권
4	20년	광업권(생산량비례법 선택 적용), 전신전화전용시설이용권. 전용측선이용권, 하수종말처리장시설관리권, 수도시설관리권
5	50년	댐사용권

「법인세법」 시행령 제24조 제1항 (감가상각자산의 범위)

2. 다음 각 목의 어느 하나에 해당하는 무형고정자산

가. 영업권(합병 또는 분할로 인하여 합병법인등이 계상한 영업권은 제외한

다), 디자인권, 실용신안권, 상표권
나. 특허권, 어업권, 「해저광물자원 개발법」에 의한 채취권, 유료도로관리권, 수리권, 전기가스공급시설이용권, 공업용수도시설이용권, 수도시설이용권, 열공급시설이용권
다. 광업권, 전신전화전용시설이용권, 전용측선이용권, 하수종말처리장시설관리권, 수도시설관리권
라. 댐사용권
마. 삭제
바. 개발비:상업적인 생산, 사용전에 재료·장치·제품·공정·시스템 등

「상속세 및 증여세법」 시행령 제59조 (무체재산권 등의 평가)
① 삭제 [2014.2.21]
② 영업권의 평가는 다음 산식에 의하여 계산한 초과이익금액을 평가기준일 이후의 영업권지속연수(원칙적으로 5년으로 한다)를 감안하여 기획재정부령이 정하는 방법에 의하여 환산한 가액에 의한다. 다만, 매입한 무체재산권으로서 그 성질상 영업권에 포함시켜 평가되는 무체재산권의 경우에는 이를 별도로 평가하지 아니하되, 당해 무체재산권의 평가액이 환산한 가액보다 큰 경우에는 당해 가액을 영업권의 평가액으로 한다.
[최근 3년간(3년에 미달하는 경우에는 당해 연수로 한다)의 순손익액의 가중평균액의 100분의 50에 상당하는 가액-(평가기준일 현재의 자기자본×1년만기정기예금이자율을 감안하여 기획재정부령이 정하는 율)]
③ 제2항의 규정을 적용함에 있어서 최근 3년간의 순손익액의 가중평균액은 제56조제1항의 규정을 준용하여 평가한다. 이 경우 동조제1항중 "1주당 순손익액 및 1주당 추정이익"은 "순손익액"으로 본다.

무형자산의 기여이익에 대한 측정방법으로 다음과 같이 세 단계의 기여이익 예측과정을 통해 현금흐름을 추정한다.

첫째, 대상기업에 대해 재무 및 동종 산업의 환경분석을 통해 장기성장 예측이나 매출액 기준 예측을 이용하여 1~5년간 기여이익을 예측한다. 둘째, 장기간에 걸쳐 경제성장 예측치는 선형적으로 *%까지 수렴한

다는 가정하에 6~10년간의 기여이익을 예측한다. 마지막으로, 11년 이후의 기여이익은 연간 *%씩 일정하게 성장한다는 가정하에 산출한다.

이렇게 산출된 기여이익의 기대치는 각 예측치에 따른 평균 이상의 위험 등을 고려한 후 할인하여 현재 가치를 구한다. 이것이 곧 무형자산 또는 영업권의 추정치이다.

6
가치평가 방식

기업총가치

$$V = V_1 + V_2 + V_3 + V_4$$

V = 기업가치　V_1 = 유동자산가치　V_2 = 유형자산가치

V_3 = 무형자산가치　V_4 = 영업권가치

기업이익

$$V_E = V_{1DE} + V_{2DE} + V_{3DE} + V_{4DE}$$

V_E = 기업총이익　V_{1DE} = 유동자산 기여이익　V_{2DE} = 유형자산 기여이익

V_{3DE} = 무형자산 기여이익　V_{4DE} = 영업권 기여이익

무형자산 기여이익

: 무형자산 기여이익 구성요소

무형자산 기여이익 = 상표권 기여이익 + 특허권 기여이익 + 인적자산 기여이익

무형자산 기여이익(γ×무형자산가치) = 기업정상이익 − α(유형자산)
− β(유동자산)
− 영업권 기여이익(θ×영업권가치)

α, β, θ: 회귀계수 (각 자산의 자본비용)

: 무형자산 기여이익률

IAdp = TRdp + RDdp + Hdp

IAdp: 총무형자산 기여이익률

TRdp(상표권 발생비용: 광고선전비 등): 상표권 기여이익률

RDdp(특허권 발생비용: 경상연구개발비 등): 특허권 기여이익률

Hdp(인적투자 발생비용: 교육훈련비 등): 인적자산 기여이익률

무형자산 가치산정

$$\text{무형자산 가치} = \sum_{t=0}^{n} \frac{\text{무형자산 기여이익}}{(1+i)^t}$$

n = 무형자산 내용연수 i = 할인율 t = 무형자산 기여이익 현금수입년도

제4장

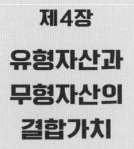

유형자산과 무형자산의 결합가치

1
영업권 가치

영업권의 의미

개별적으로 분리하여 인식할 수 없는 자산으로부터 발생하는 경제적 편익으로서 기업에 속해 있는 식별 불가능 무형자산을 일반적으로 영업권(goodwill)이라 한다(국제평가기준위원회).

기업회계기준서에서는 영업권을 사업결합으로 발생하는 것이며 개별적으로 식별하는 것이 불가능한 그 밖의 자산에서 발생하는 미래경제적효익을 나타내는 자산이라 한다.

영업권은 일반적으로 특허권·실용신안권·의장권·상표권·저작권·전용측선이용권 이외의 무형자산으로서 동종·유사 규모 기업 통상이윤을 넘어서는 초과이윤의 원인으로 정의된다. 현대 회계학적 관점에서 보면 영업권의 개념은 초과이익 개념· 잔여 개념· 조직 개념 등으로 세분되고, 국제평가 기준상으로는 개인 영업권과 양도 가능 영업권으로 구분되고 있다.

영업권을 잔여 개념으로 파악하는 견해는 초과이익 개념으로 영업권을 정의하는 것이 영업권의 본질을 설명하기 위함이 아니고 단순히 영업권의 가치를 계산하기 위해 이론적으로 그 개념을 합리화한 것에 불과하다는 비판에서 나온 것이다. 이 개념에 의하면 유형자산으로 기록되지 않았다 하더라도 영업권과 유사한 자산인 특별한 기술, 풍부한 경영능력, 독점적 상황, 사회와 기업 간의 관계, 명성과 평판 등은 잔여 개념의 자산이 된다고 파악한다. 즉 개별적으로 파악된 전체 기업들의 적정 가치(legitimate)가, 취득하는 유형자산의 적정가치의 합을 초과하는 경우 그 차액을 잔액 개념의 무형자산이나 영업권으로 본다.

무형자산과 영업권의 관계

기업에 있어 영업권은 무형자산의 일부인바, 영업권의 정의를 살펴보기 위해 우선 무형자산의 의의를 살펴보면 *물리적 성격을 가지지 않은 것으로서, 소유자에게 미래의 경제적 편익을 표상하는 자산*으로 정의된다(Fitch).

그리고 회계이론에서는 일반적으로 *물리적 실체를 가지지 않고 기업주에게 어떤 권리나 특권을 허용하는 것으로서, 업체와는 분리되어 존재할 수 없는 자산*으로 정의한다.

한국회계연구원의 회계기준서에서는 무형자산을 재화의 생산이나 용역의 제공, 타인에 대한 임대 또는 관리에 사용할 목적으로 기업이 보유하고 있으며, 물리적 형체가 없지만 식별 가능하고, 기업이 통제하고 있으며, 미래 경제적 효익이 있는 비화폐성 자산으로 정의한다.

무형자산의 일부로서 영업권은 지적재산 등 구체적으로 식별 혹은 인식 가능한 자산 이외의 집단무형물로서 인적재산, 지적재산, 브랜드자산 등 이외의 잔여 무형자산을 통칭하는 말이다. 이것을 영업권 또는 계속기업가치라고 부르기도 한다.

영업권의 인식 조건

영업권은 기업에 부착된 미래의 경제적 편입이다. 영업권은 법적으로 보호받지 못하며, 기업으로부터 분리 가능하지도 않다. 영업권의 예로 다음과 같은 것들이 있다. ① 고객이 사업의 유통망으로 회귀하는 경향 ② 식별 가능한 유형, 무형 또는 화폐적 자산으로부터의 공정수익(fair return)을 초과하여 기업체가 창출하는 추가적 소득 ③ 식별 가능한 유형, 무형 또는 화폐적 자산의 총합가치(aggregate value)를 초과하는 전체로서의 기업체의 추가적 가치

일반적으로 영업권의 가치는 기업의 전체 가치(total value)에서 부채와 잠재적 부채를 차감한 후, 모든 식별 가능한 유형·무형·화폐적 자산의 가치를 공제하고 남은 잔존금액(residual amount)이다.

영업권의 가치산정 방법

: 초과이익할인법

초과이익할인법(초과수익력의 자본화방법: capitalization method)은 미래에 기대되는 초과수익력의 환원평가액을 영업권으로 보는 방법인데, 이와 관련된 이익의 개념으로 다음의 두 가지가 있다. 하나는 정상이익으로서 동종 산업의 평균적인 이익을 의미하며 다음과 같이 산정한다.

정상이익 = 식별 가능 순자산공정가액 × 정상이익률(평균이익률)

다른 하나인 초과이익은 특정한 기업의 평균이익이 동종 산업의 평균이익을 초과하는 부분을 의미하는데, 이는 다음의 산식을 통하여 산정한다.

초과이익 = 특정 기업의 평균이익 - 정상이익

초과이익할인법은 영업권의 평가에 있어서 비교적 체계적이고 논리적인 방법으로 볼 수 있으며, 이 방법에 따라 영업권을 평가하기 위해서는 정상이익률·회사의 미래이익·초과이익을 할인할 경우 적용할 할인율·그리고 초과이익의 존속기간을 상정하여야 한다.

초과이익할인법은 크게 두 가지 범주로 분류할 수 있는데, 하나는 초과수익력이 무한히 지속된다는 가정하에 영업권을 산정하는 방법인 순이익환원법과 초과이익환원법이고, 다른 하나는 초과수익력이 일정기간만 지속된다고 가정하는 방법인 연금법과 연매법이다.

: 순이익환원법과 초과이익환원법

순이익환원법은 미래의 평균이익을 정상이익률로 환원평가하여 기업가치를 산정하고, 여기에서 개별 순자산의 공정가액을 차감한 가액을 영업권으로 보는 방법이다. 일반적으로 과거의 평균이익을 미래이익으로 대용하고 있으나, 이는 과거의 이익 추세가 향후에도 지속된다는 전제하에서만 성립된다.

영업권 = 기업가치(순자산가치) - 식별 가능 순자산공정가액
= 평균이익/할인율 - 영업권을 제외한 순자산

초과이익환원법은 초과이익을 환원평가하여 영업권을 직접 산정하는 방법으로 순이익환원법과 동일한 논리이다.

영업권 = 초과이익 / 할인율

순이익환원법과 초과이익환원법은 초과수익력이 영구히 지속된다고 가정하고 있으므로 할인율이 같은 경우에는 동일한 결과로 측정된다. 그러나 초과이익은 동종 산업 내 타 기업의 평균이익을 초과하는 것으로, 불확실성과 위험이 높으므로 정상이익률보다는 높은 할인율을 적용하는 것이 타당한데, 이 경우에는 초과이익환원법이 영업권을 더 보수적으로 평가하게 된다.

: 연금법과 연매법

초과수익력의 지속기간이 영구적이지 않고 한정되어 있다면 자본환원계수(영구연금현가계수)를 사용할 수 없는데, 이 경우 연금법은 화폐의 시간가치를 고려하여 초과이익을 현재가치로 할인하며, 연매법은 초과이익을 단순 합산하여 영업권을 평가한다.

〈초과수익력을 환원평가하는 각 방법을 비교한 결과〉

구분	이익개념	초과이익의 지속기간	화폐의 시간가치	자본화
순이익환원법	평균이익	영구적	고려	자본환원계수
초과이익환원법	초과이익	영구적	고려	자본환원계수
연금법	초과이익	유한	고려	연금현가계수
연매법	초과이익	유한	미고려	초과이익×지속기간

: 종합평가접근법

종합평가접근법(master valuation approach)이란 기업 전체의 평가액에서 기업을 구성하고 있는 확인 가능한 순자산의 공정가치를 차감한 금액을 영업권으로 보는 방법으로, 매수영업권이란 기업결합의 과정에서 발생하는 유상취득영업권을 말한다.

한 기업이 다른 기업을 매수법(purchase method)으로 결합할 경우 다른 기업의 기존 주주에게 지급하는 대가는 기업 전체를 종합적으로 평가한 가치로 볼 수 있는데, 이때의 지급 대가는 합병에서는 매수원가, 즉 합병대가를 의미하며 주식 취득에 의한 기업결합에서는 투자주식의 취득원가를 의미한다. 이때 기업 전체를 평가한 가치가 취득한 개별 순자산의 가치를 초과한 부분이 영업권이며, 그 반대의 경우에는 負의 영업권이 발생하게 된다. 負의 영업권(badwill)은 기업이 다른 기업을 매수·합병하는 경우에 합병대가가 합병으로 취득한 순자산의 공정가치보다 적은 경우에 발생한다. 영업권은 초과수익력 등에 근거를 두고 있으며, 負의 영업권은 평균 이하의 수익력과 시장의 불완전성에서 그 발생 원인을 찾게 된다.

기여이익 잔여방식에 의한 영업권 평가

영업권 가치 = 영업권기여이익 / 할인율
영업권기여이익 = 기업 사업이익 - 유동자산 기여이익
- 유형자산 기여이익
- 무형자산 기여이익

: 기업가치

$$V = V_1 + V_2 + V_3 + V_4$$

V = 기업가치　V_1 = 유동자산가치　V_2 = 유형자산가치

V_3 = 무형자산가치　V_4 = 영업권가치

: 기업이익

$$V_E = V_{1DE} + V_{2DE} + V_{3DE} + V_{4DE}$$

V_E = 기업 사업이익　V_{1DE} = 유동자산 기여이익　V_{2DE} = 유형자산 기여이익

V_{3DE} = 무형자산 기여이익　V_{4DE} = 영업권 기여이익

: 영업권 기여이익

$$V_{4DE} = V_E - (V_{1DE} + V_{2DE} + V_{3DE})$$

V = 기업가치　V_1 = 유동자산가치　V_2 = 유형자산가치

V_3 = 무형자산가치　V_4 = 영업권가치

: 영업권 가치 산정

$$\text{영업권} = \sum_{t=0}^{n} \frac{\text{영업권기여이익}}{(1+i)^t}$$

n = 영업권 내용연수　i = 할인율　t = 영업권 기여이익 현금수입년도

2
비상장회사 주식가치

비상장회사 주식이란

비상장주식은 상장주식과 반대되는 말로 주식시장에서 거래되지 못하는 주식, 상장되지 못한 주식을 말한다.

비상장주식과 상장주식의 가장 큰 차이는 비상장주식의 경우 거래소와 같은 다수 매매시장이 없어서 실제 매매가격의 객관적 가치(시장가격)를 모르므로 매수자와 매입자 간의 협상에 의해 거래가 이루어진다는 점이다. 비상장주식은 매매를 위한 기준가격을 산정하고 유동성을 따로 확보해야 하며, 발행기관의 보증과 책임이 없으므로 기업에 대한 공시된 정보가 부족하고 시장에 전달이 어려워 정확한 주식의 가치를 파악하는 데 힘든 문제점이 있다.

비상장주식의 가치평가 방법

: 자산접근법

기업의 가치를 기업이 보유한 자산에 근거하여 평가하는 방법으로 자산에서 부채를 차감한 순자산을 발행주식수로 나눈 주당 순자산가액으로 산정한다. 이 경우 개별자산의 가액은 평가대상 기업의 장부가치를 기준으로 하거나 시장의 평가에 의하건 공정가치, 청산가치 등으로 평가하게 된다.

「감정평가규칙」은 비상장주식의 평가를 순자산가치법으로 할 것을 원칙으로 하고 있다. 그러나 미래의 영업이익을 반영하지 않은 평가 방법이어서 기업의 성장이 계속 이뤄지고 있는 경우라면 실제 가치보다 낮게 평가된다는 단점을 가지고 있다. 그러므로 자산접근법은 부동산 과다보유 법인이나 신생기업, 적자기업 등의 평가방법으로 활용되고 있으며 상속 및 증여세액 평가 시 일정 비중으로 순수익가치와 절충하여 해당 비상장기업의 주식을 평가하는 데 이용하고 있다.

: 이익접근법

이익접근법은 평가대상 기업이 계속기업으로서 가치를 지닌다는 전제하에 평가하며 과거의 영업실적을 기초로 평가하거나 미래의 1주당 이익을 추정하여 평가하는 두 가지 방법으로 나눠볼 수 있다.

상속세 및 증여세액 평가 시, 1주당 순손익가치는 최근 3년간의 순손익액의 가중평균액 또는 추정이익을 국세청장이 고시하는 이자율(현재 연 10%)로 할인하여 산정한다. 「유가증권의 발행 및 공시 등에 관한 규정 시행세칙」에서는 수익가치를 향후 2개년 사업연도를 추정하여 재무제표를 작성한 후 이를 기준으로 계산한 주당 추정이익을 자본환원율(주요 은행 정기예금 최저이율 평균치의 1.5배)로 할인하며 제1사업연도

60%, 제2사업연도 40%의 비중으로 가중 산술평균한 값을 주당 순수익가치로 산정한다. 이렇게 산정한 수익가치는 모두 주당 순자산가치와 일정 비율로 계산하여 1주당 평가액으로 결정하게 된다.

할인현금수지분석법(DCF법)은 평가대상 기업으로부터 기대되는 미래의 효익으로 기업의 가치를 산정하는 평가방법, 즉 잉여현금흐름 할인모형(FCFF모형)이 대표적이다.

현행 「감정평가규칙」에서는 순자산가치평가액이 적절치 않을 때만 수익환원법에 의한 수익가격으로 평가가 가능하도록 규정하고 있다. 이때 수익환원법은 직접환원법 또는 할인현금수지분석법(DCF법) 중에서 대상 기업에 가장 적절한 방법을 선택하여 계산하게 된다. 보통 회계법인이나 컨설팅기업에서 기업가치를 평가하는 경우에는 직접환원법보다는 잉여현금흐름모형(FCFF모형)으로 산출한 현금흐름할인법을 사용하는 경우가 대부분이다.

잉여현금흐름모형은 미래 5개년의 사업연도의 정액 혹은 정률 성장을 추정하며 5개년 이후의 가치는 기업의 잔존가치(Terminal value)로 항상성장모형을 이용하여 값을 계산하게 된다. 이렇게 산정된 기업의 전체 자산가치에서 부채 즉 타인자본가치를 차감하여 구한 자기자본가치에 발행주식수를 나누어 1주당 평가액을 산출한다.

: 시장접근법

평가대상 기업의 시장가치를 평가하여 비상장주식의 가치를 산출하는 방법으로 상장주식의 경우에는 평가기준일 이전과 이후의 2개월 한국거래소에서 공표된 최종시세가격의 평균액으로 시장가치를 적용하고 있다.

비상장주식은 거래가 활발하지 않으므로 이러한 시가평가가 어렵기 때문에 동종 업종, 동등한 규모의 상장회사를 유사상장기업으로 선정하여 시장거래가격과 일정한 기준에 의해 비교평가 한 후 주식가치를 산출하게 된다. 이러한 방법들로는 유사기업평가법(비준평가법), 상대가치평가법 등이 있다.

상대가치평가법으로는 평가대상의 내재가치에 근거하여 유사상장기업과 동종 산업의 성장률과 이익률 등을 고려하여 평가하는 방법으로 PER분석, EV/EBITDA분석 등이 있다. 유사기업을 이용하여 평가할 때에는 해당 유사상장 기업을 보통 3개 정도 채택하여 비교한 수치를 산술평균한 값에서 일정한 비율로 할인하게 된다.

: 절충적 평가법

절충적 평가법은 주식의 가치를 순자산가치, 순손익가치 등 어느 하나로 평가하는 것이 아니라 이들 가치를 보완하여 평가하는 것이 실제가치에 더욱 접근할 수 있다는 개념에서 출발한 것이다. 「상속세 및 증여세법」의 보충적 평가법이 대표적인 방법으로, 보충적 평가법은 종전의 비상장주식 평가방법이 순자산가치로 평가되는 경우가 많아 도입된 제도로 순손익가치와 순자산의 가중치를 3:2로 적용하여 계산하는 방법이다. 이때 평가대상기업이 부동산보유비율이 50%가 넘는 법인이면, 가중치를 순손익가치 2, 순자산가치 3으로 두어 적용하게 된다.

비상장 가치평가 관련 법률

: 감정평가에 관한 규칙

제24조 (유가증권 등의 감정평가)

1. 상장주식 : 거래사례법
2. 비상장주식(거래 시세 없는 주식 포함) : 해당 회사의 자산, 부채 및 자본 항목을 평가하여 수정재무상태표를 작성한 후 기업체의 유·무형의 자산가치(이하 기업가치라 한다)에서 부채의 가치를 빼고 산정한 자기자본의 가치를 발행주식수로 나눌 것.

: 상속세 및 증여세법 시행령

제54조 (비상장주식등의 평가)

나목에 따른 주식등(이하 이 조에서 "비상장주식등"이라 한다)은 1주당 다음의 계산식에 따라 평가한 가액(이하 "순손익가치"라 한다)과 1주당 순자산가치를 각각 3과 2의 비율[부동산과다보유법인(「소득세법」 제94조제1항 제4호다목에 해당하는 법인을 말한다)의 경우에는 1주당 순손익가치와 순자산가치의 비율을 각각 2와 3으로 한다]로 가중평균한 가액으로 한다.
다만, 그 가중평균한 가액이 1주당 순자산가치에 100분의 80을 곱한 금액보다 낮은 경우에는 1주당 순자산가치에 100분의 80을 곱한 금액을 비상장주식등의 가액으로 한다. 1주당 순자산가치는 다음의 산식에 의하여 평가한 가액으로 한다.
1주당 가액 = 당해법인의 순자산가액 ÷ 발행주식총수

3
권리금 가치

권리금이란 임대차 목적물인 상가건물에서 영업을 하는 자 또는 영업을 하려는 자가 영업시설·비품·거래처·신용, 영업상의 노하우, 상가건물의 위치에 따른 영업상의 이점 등 유형·무형의 재산적 가치의 양도 또는 이용대가로서 임대인·임차인에게 보증금과 차임 이외에 지급하는 금전 등의 대가를 말한다.

구성요소

권리금 = 유형자산 가치 + 무형자산 가치

: 유형자산

영업을 하는 자 또는 영업을 하려고 하는 자가 영업활동에 사용하는 영업시설·비품·재고자산 등 물리적·구체적 형태를 갖춘 재산을 말한다.

: 무형자산

무형자산이란 영업을 하는 자 또는 영업을 하려고 하는 자가 영업활동에 사용하는 거래처·신용·영업상의 노하우, 건물의 위치에 따른 영업상의 이점 등 물리적·구체적 형태를 갖추지 않은 재산을 말한다.

권리금의 가치 산정

: 권리금의 감정평가 원칙

유형·무형의 재산마다 개별로 하는 것을 원칙으로 한다. 그럼에도 불구하고 권리금을 개별로 감정평가하는 것이 곤란하거나 적절하지 아니한 경우에는 일괄적으로 감정평가할 수 있다. 이 경우 감정평가액은 합리적인 배분 기준에 따라 유형재산가액과 무형재산가액으로 구분하여 표시할 수 있다.

CHAPTER 2

자산가치 평가사례

제5장

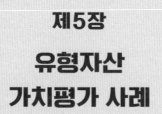

유형자산 가치평가 사례

1
토지 가치평가

가치평가 목적 및 기준시점

본건 기호 1은 ##시 **구 *동 1-1에 소재한 부동산으로 일반거래(시가참고) 목적의 2020. 07. 01. 시점의 가치 산정임.

대상 물건의 개요

기호	소재지	면적(㎡)	지목	용도지역	이용상황	도로조건	형상지세
1	**동 1-1	252.0	대	1종일반 주거지역	단독주택	소로한면	부정형 평지

가치평가 방법 및 산정

대상 토지와 가치형성 요인이 같거나 비슷한 비교표준지의 공시지가를 기준으로 대상 토지의 현황에 맞게 시점수정, 지역요인, 개별요인 비교 및 그 밖의 요인의 보정을 거쳐 대상 토지의 가액을 산정함.

비교표준지 선정

가치산정 대상 토지와 용도지역·이용상황·지목·주변환경 등이 동일 또는 유사한 인근지역에 소재하는 다음의 표준지를 선정함.

기호	소재지	면적(㎡)	지목	이용상황	용도지역	도로교통	형상지세	공시지가 (원/㎡)
A	**동 1-1	149.0	대	단독 주택	1종일반 주거지역	소로한면	부정형 평지	1,000,000

공시기준일: 2020. 01. 01. 기준

시점수정

① ##시 주거지역 지가변동률

산정기간	지가변동률(%)
2020. 01. 01 ~ 2020. 07. 01	0.747 (1.00747배)

2020. 07. 01. 기준

② 생산자물가지수

$$\frac{\text{2020년 06월 생산자물가지수}}{\text{2019년 12월 생산자물가지수}} = \frac{103.15}{103.09} \fallingdotseq 1.0006(0.06\%\text{상승})$$

2005년 = 100 기준

③ 시점수정치 결정

생산자물가지수보다는 지가변동률이 당해 토지의 지가변동을 더 적절히 반영한다고 판단되어 지가변동률을 시점수정치로 결정함. (1.00747)

지역요인 비교

본건 토지는 비교표준지와 인근지역에 소재하여 제반 지역요인은 동일함. (지역요인비교치: 1.00)

개별요인 비교

아래 비교 항목요인으로 표준지와 당해 토지를 비교함.

조건	항목	세항목
가로 조건	가로의 폭, 구조 등의 상태	폭, 포장 · 보도 · 계통 및 연속성
접근 조건	교통시설과의 접근성	인근 대중교통 시설과의 거리 및 편의성
	상가와의 접근성	인근 상가와의 거리 및 편의성
	공공 및 편익시설과의 접근성	유치원, 초등학교, 공원, 병원, 관공서 등과의 거리 및 편의성
환경 조건	일조등	일조, 통풍 등
	자연환경	조망, 경관, 지반 등
	인근환경	인근 토지의 이용상황
		인근 토지의 이용상황과의 적합성
	공급 및 처리시설의 상태	상·하수도 · 도시가스 등
	위험 및 혐오시설	변전소, 오수처리장 등의 유무 · 특별고압선 거리
획지 조건	이용상황, 형상, 깊이, 접면도로 상태	이용상황 · 형상 및 지세 · 접면도로 상태
행정적 조건	행정상의 조장 및 규제 정도	용도지역, 지구, 구역 · 기타 제한 (입체이용 제한 등)
기타 조건	기타	장래의 동향 · 기타

조건	비교표준지 (176-1번지)	기호(2) (대상 토지)	격차율 (표준지: 1.00)	비고
가로 조건	세로(가)	세로(불)	0.97	표준지에 비해 가로의 폭 등에서 약 3% 열세임.
접근 조건	보통	보통	1.00	유사함.
환경 조건	보통	보통	1.00	유사함.
획지 조건	단독주택 사다리형 평지 한면	단독주택 장방형 평지 한면	1.00	유사함.
행정적 조건	1종일주	1종일주	1.00	동일함.
기타 조건	보통	보통	1.00	유사함.
격차율계			0.970	

그 밖의 요인 보정

① 인근 거래사례

기호	소재지	지목	토지단가(원/㎡)	거래시점	용도지역	목적
#1	**동 3-20	대	1,100,000	2019. 07. 08.	1종일반 주거지역	매매

② 산정방법 및 산식

(1) 방법

비교 표준지공시지가와 가격제형성요인이 유사한 평가선례 및 거래사례를 기준으로 비교 표준지공시지가를 평가한 가격과 비교 표준지공시지가를 기준시점으로 시점수정한 가격과의 비율을 그 밖의 요인 보정치 결정 참고자료로 산정함.

(2) 산식

$$\frac{\text{적용 거래사례}}{\text{표준지 공시지가}} = \frac{\text{거래사례 기준 표준지가격 (적용선례×시점수정×지역요인×개별요인)}}{\text{기준시점 기준 표준지공시지가가격 (공시지가×시점수정×지역요인×개별요인)}}$$

(3) 보정치 산정

· 표준지A 보정치 산정

본건과 인근지역에 소재하며, 제 가격형성요인이 유사하고 정상적인 거래사례라고 인정되는 거래사례#1을 기준으로 산정한 비율치를 그 밖의 요인 보정치로 결정함.

· 거래사례#1 기준 표준지가격

토지단가(원/㎡)	시점수정	지역요인	개별요인	산정단가(원/㎡)
1,100,000	1.01532	1.00	1.100	1,228,537

-시점수정: 2019. 07. 08. ~ 2020. 07. 01.의 주거지역 지가변동률
-지역요인: 인근지역에 위치하여 지역요인은 유사함.
-개별요인: 거래사례와 비교시 표준지는 가로조건에서 10% 우세함(비교치: 1.100).

· 기준시점 기준 표준지가격

공시지가(원/㎡)	시점수정	지역요인	개별요인	산정단가(원/㎡)
1,000,000	1.00747	1.00	1.00	1,007,470

· 그 밖의 요인 보정치

거래사례 기준 표준지가격	기준시점 기준 표준지가격	보정치 격차율	보정치 결정
1,228,537	1,007,470	1.219	1.20

토지단가 산정

일련번호	비교표준지		시점수정	지역요인
	기호	공시지가(원/㎡)		
1	A	1,000	1.00747	1.00
개별요인	그 밖의 요인		산정단가	결정단가(원/㎡)
0.970	1.20		1,172.7	1,170

단위: 천 원

토지가격 결정

토지면적(㎡)	토지단가(원/㎡)	토지가액(원)
252	1,170,000	294,840,000

2
구분건물 가치평가

가치평가 대상

##시 **동 1번지, 2번지, 7번지 소재 한국호텔로서 철골철근콘크리트 및 일반철골조 철근콘크리트 지붕 지하 3층, 지상 18층(연면적: 22,759.67㎡) 숙박시설 건물 중 제3층 1,613.84㎡, 제4층 1,613.84㎡, 제5층 1,614.72㎡, 제9층~제15층 각 710.16㎡, 제16층 709.71㎡, 제17층 676.16㎡ 구분건물에 대해 2020. 09. 01. 시점의 각 층별 가치

건물의 구조 및 치장

철골철근콘크리트 및 일반철골조 철근콘크리트 지붕 지하 3층·지상 18층 건물로서, 외벽은 알루미늄 커튼월 마감, 내벽은 모르타르 위 페인트·대리석·타일·벽지 및 인테리어 마감, 바닥은 대리석·타일·카펫·에폭시 코팅, 창호는 샷시창 및 페어그라스창 등 각 용도에 맞게 인테리어되어 있음.

건물의 용도

3~5층	웨딩홀, 연회장 등 일체의 예식 관련 시설
9층~16층	호텔(객실 101실)
17층	스카이라운지

가치평가 전제 조건

가치산정 대상은 구분건물(3층·4층·5층·9층·10층·11층·12층·13층·14층·15층·16층·17층)로서, 적정 토지 지분이 포함된 것을 전제로 함.

가치평가 방법

가치평가 대상 물건의 토지·건물 전체 가격을 산정한 후 대상 건물의 총 층별 효용비율을 구하여, 전체 가치에 평가 대상 물건의 총 층별 효용비율을 곱해 대상 건물의 가치와 토지 부분의 대지권 가치를 구하여 각 층의 집합 구분건물의 가치를 평가함. 1동 전체의 가격을 토지는 공시지가기준법으로, 건물은 원가법으로 구한 후 대상 구분건물에 배분하는 원가법으로 평가함.

토지 가격

본건 건물이 소재한 토지는 공시지가기준방법에 의해 용도지역·지목·주변환경 등이 동일 또는 유사한 인근지역에 소재하는 표준지공시지가를 기준으로 공시기준일로부터 가격시점까지의 지가변동률·지역요인·개별요인·그 밖의 요인 등 가격 형성상의 제 요인을 종합 참작하여 평가하되, 3필지가 일단지로 이용 중이며, 이러한 이용이 법률적·물리적·경제적으로 정상적 이용인바 일괄하여 평가함.

토지의 개요

일련번호	소재지	지번	면적(㎡)	지목	이용상황	용도지역
1	##시 **동	41	735.9	대	상업용	일반상업
2	##시 **동	52	659.8	대	상업용	일반상업
3	##시 **동	77	612.7	대	상업용	일반상업

비교표준지 선정

평가대상 토지의 인근지역에 소재하고 대상 토지와 용도지역·지목·주위환경 등 지역요인 및 개별요인에서 가장 유사하다고 인정되는 표준지를 비교표준지로 선정함.

기호	소재지	지번	면적(㎡)	지목
A	##시 **동	100	588.2	대
이용상황	용도지역	도로교통	형상지세	공시지가(원/㎡)
상업용	일반상업	광대한 면	가장형 평지	1,400,000

공시기준일: 2020. 01. 01.

시점수정

##시 상업 지역의 지가변동률을 적용하여 시점수정함.

산정기간	지가변동률(%) / 상업지역	비고
2020. 01. 01. ~ 2020. 09. 01.	0.216 (1.00216)	

지역요인 비교

본건은 비교 표준지A와 인근지역에 소재하여 제반 지역요인은 동일함. (비교치: 1.00)

개별요인 비교

① 상업지대의 개별요인 비교항목

조건	항목
가로 조건	가로의 폭, 구조 등의 상태
접근 조건	상업지역중심과의 접근성, 인근 교통시설과의 거리 및 편의성
환경 조건	고객의 유동성과의 적합성, 인근 토지의 이용상황 및 적합성, 자연환경 등
획지 조건	면적, 접면너비, 깊이, 형상, 방위, 고저, 접면도로상태 등
행정적 조건	행정상의 규제정도
기타 조건	장래의 동향, 기타

② 개별요인 비교치

본건	비교표준지		개별요인						격차율
	기호	소재지	가로 조건	접근 조건	환경 조건	획지 조건	행정적 조건	기타 조건	
1, 2, 3	A	**동 100	1.10	1.05	1.00	1.00	1.00	1.00	1.155

그 밖의 요인 보정

① 인근 거래사례

기호	소재지	지목	토지단가(원/㎡)	거래시점	용도지역
#1	**동 200	대	1,584,000	2019. 11. 30.	일반상업

② 보정치의 산정

거래사례#1을 기준으로 비교표준지공시지가를 평가한 가격과 비교표준지공시지가를 가격시점으로 시점수정한 가격과의 비율을 그 밖의 요인 보정치로 산정함. (비교 표준지A: ##시 **동 100)

(1) 거래사례#1 기준시점(2020. 09. 01.) 표준지가격

거래단가(원/㎡)	시점수정	지역요인	개별요인	산정단가(원/㎡)
1,584,000	1.00244	1.00	1.113	1,767,294

-지역요인: 인근지역에 위치하여 지역요인은 유사함.
-시점수정: 2019. 11. 30. ~ 2020. 09. 01. 일반 상업지역 지가변동률
-개별요인: 표준지는 거래사례 대비 가로조건 5% 우세, 접근조건 6% 우세, 종합고려 11.3% 우세함(1.05×1.06=1.113).

(2) 기준시점(2020. 09. 01.) 기준 표준지가격

공시지가(원/㎡)	시점수정	지역요인	개별요인	산정단가(원/㎡)
1,400,000	1.00216	1.00	1.00	1,403,024

(3) 그 밖의 요인 보정치

거래사례 기준시점 표준지가격	기준시점 기준 표준지가격	보정치 격차율	보정치 결정
1,767,294	1,403,024	1.26	1.30

토지단가 결정

<table>
<tr><th rowspan="2">일련번호</th><th colspan="2">비교표준지</th><th rowspan="2">시점수정</th><th rowspan="2">지역요인</th></tr>
<tr><th>기호</th><th>공시지가(원/㎡)</th></tr>
<tr><td>1, 2, 3</td><td>A</td><td>1,400,000</td><td>1.00216</td><td>1.00</td></tr>
<tr><th>개별요인</th><th colspan="2">그 밖의 요인</th><th>산정단가(원/㎡)</th><th>결정단가(원/㎡)</th></tr>
<tr><td>1.155</td><td colspan="2">1.30</td><td>2,106,641</td><td>2,110,000</td></tr>
</table>

토지가격의 평가

일련번호	토지면적(㎡)	토지단가(원/㎡)	토지가액(원)	비고
1, 2, 3	2,008.4	2,110,000	4,237,724,000	3필지 일단의 토지

건물 가격

본건 전체건물은 원가법에 의해 대상 건물의 재조달원가에 감가수정을 하여 대상 건물을 평가함.

건물의 개요

기호	구조	용도	연면적(㎡)	사용승인일
가	철골철근콘크리트조 및 일반철골조 철근콘크리트 지붕 지하 3층, 지상 18층	숙박시설	22,759.67	2018. 11. 19.
	건물설비	· 위생설비·급배수시설 · 냉난방설비(중앙공급식 Duct 및 일부 Package A/C설비) · 전기설비(수변전설비, 비상발전설비) · 승강기설비(총 7대) · 중앙제어설비 · 소방설비 · 기타설비		

건물 가격의 산정

용도	구조	급수	표준단가(㎡)	내용연수
호텔	철골철근콘크리트조 슬래브지붕	1	1,934,000	50 (45~55)
호텔	철골철근콘크리트조 슬래브지붕	2	1,713,000	50 (45~55)

한국감정원 건물신축단가표, 2020. 01. 기준

건축비용 변동률

· 건설공사비 지수: 2005년 평균 = 100 (한국건설기술연구원 발표)

· 2020. 01. ~ 2020. 09.까지의 비주택부분 건설공사비 변동률

$$\frac{\text{2020년 09월 건설공사비지수}}{\text{2020년 01월 건설공사비지수}} = \frac{148.8}{146.9} \fallingdotseq 1.0129\ (1.29\%\ \text{상승})$$

건물의 건축비 등 상승에 따른 재조달원가 변동비용 등을 적용하기 위하여 건설공사비지수를 참조함.

재조달원가 산정

본건 건물의 구조·용재·시공의 정도·관리 및 설비 상태 등 제 현상을 참작하되, 본건의 건물 신축년도, 부대설비 등을 종합 참작하여 재조달

원가를 결정함.

기호	해당층	신축단가(원/㎡)	부대설비 보정단(원/㎡)	결정단가(원/㎡)
(가)	전층	1,500,000	300,000	1,800,000

감가 수정

건물의 건축년도·구조·관리 및 설비상태 등을 기준으로 감가연수(정액법)를 결정함.

기호	건축연도	내용연수	감가연수	잔존 내용연수	감가수정
(가)	2018. 11. 19.	50	1	49	49/50

건물단가의 결정

기호	재조달원가(원/㎡)	시점수정	감가수정	산정단가(원/㎡)	결정단가(원/㎡)
(가)	1,800,000	1.0129	49/50	1,786,756	1,786,000

구분건물 전체 가격 평가

기호	건물면적(㎡)	건물단가(원/㎡)	건물가액(원)	비고
(가)	22,759.67	1,786,000	40,648,770,620	

구분건물 전체 가격

	면적	금액(원)
토지	2,008.4	4,237,724,000
건물	22,759.67	40,648,770,620
전체 가격		**44,886,494,620**

평가대상 구분건물 가격 산정

층별 효용지수 산정

건물의 층별효용비율이란 각 층별로 파악되는 효용도의 비율을 말하며, 주거용 건물은 쾌적성, 상업용 건물은 수익성, 업무용 건물의 경우는 능률성에 기준을 두어 산정하되, 1층 부분의 단위 면적당 효용도에 대한 각 층의 단위 면적당 효용도 비율로 표시됨.

대상 건물의 층별 효용비율

지하 3층	지하 2층	지하 1층*	1층	2층	3층**	4층**
35	35	35	100	58	35	35
5층	6층	7층	8층	9층	10층	11층
35	35	35	35	35	35	35
12층	13층	14층	15층	16층	17층	18층
35	35	35	35	35	35	35

* 지하 1층은 주차장으로 이용 중인바 층별 효용비율을 지하 2층과 동일하게 적용함.
** 3층, 4층은 웨딩홀 등으로 5층과 일체의 예식산업 관련시설로 이용 중으로 층별 효용비율을 5층과 동일하게 적용함.

전체 부동산 층별 배분율 산정

층별	면적(㎡) ①	층별효용지수(%) ②	층별효용적수 ①×②/100	층별배분율
18	520.53	35	182.1855	0.0207
17	676.16	35	236.6560	0.0268
16	709.71	35	248.3985	0.0282
15	710.16	35	248.5560	0.0282
14	710.16	35	248.5560	0.0282
13	710.16	35	248.5560	0.0282
12	710.16	35	248.5560	0.0282
11	710.16	35	248.5560	0.0282
10	710.16	35	248.5560	0.0282
9	710.16	35	248.5560	0.0282

8	805.98	35	282.0930	0.0320
7	1,475.63	35	516.4705	0.0586
6	1,614.09	35	564.9315	0.0641
5	1,614.72	35	565.1520	0.0641
4	1,613.84	35	564.8440	0.0641
3	1,613.84	35	564.8440	0.0641
2	1,494.11	58	866.5838	0.0983
1	779.34	100	779.3400	0.0884
지하 1층	1,690.06	35	591.5210	0.0671
지하 2층	1,671.00	35	584.8500	0.0663
지하 3층	1,509.54	35	528.3390	0.0599
합계	22,759.67	-	8,816.1008	1.0001

평가대상 구분건물의 층별 가격

전체 가격(토지+건물) ①	평가대상층	층별배분율 ②	층별가격(원) ①×②
44,886,494,620	17	0.0268	1,202,958,000
	16	0.0282	1,265,799,000
	15	0.0282	1,265,799,000
	14	0.0282	1,265,799,000
	13	0.0282	1,265,799,000
	12	0.0282	1,265,799,000
	11	0.0282	1,265,799,000
	10	0.0282	1,265,799,000
	9	0.0282	1,265,799,000
	5	0.0641	2,877,224,000
	4	0.0641	2,877,224,000
	3	0.0641	2,877,224,000
합계		0.4447	19,961,022,000

3
상가 가치평가

대상 물건의 개요

대상 물건 소재 건물

소재지	##시 **동 100					
건물명	가나아파트 상가동			용도	근린생활시설	
건물의 구조	철근콘크리트구조 (철근)콘크리트지붕 2층					
용도지역	제3종일반주거지역			사용승인일	2009. 02. 13.	
연면적(㎡)	1,369.2418			건축면적(㎡)	754.282	
설비현황						
난방설비	냉방설비	위생설비	급배수설비	화재탐지	도시가스	기타설비
-	-	○	○	-	-	-

평가 대상 상가 현황

기호	동·층·호	전유면적(㎡)	공용면적(㎡)	공급면적(㎡)	대지권(㎡)
(가)	상가동 1층 101호	50.00	15.4563	65.4563	58.7240

기준시점

본건의 기준시점은 2020년 1월 30일로 함.

구분소유권의 평가방법

① 구분소유권의 대상이 되는 건물 부분과 그 대지사용권의 가치를 일체로 하여 유사 사례를 대상 부동산의 현황에 맞게 보정·비교하여 구분소유권의 가액을 구하는 거래사례비교법

② 1동 전체의 가격을 토지는 공시지가기준법으로, 건물은 원가법으로 구한 후 대상 구분소유권에 배분하는 원가법

③ 수익성부동산의 구분소유권 평가 시 대상의 장래 기대되는 수익을 파악하고 이를 적정한 이율로 환원 또는 할인하여 대상 부동산의 현재 가치를 구하는 수익환원법 등이 있음.

대상 물건의 가치평가 방법

대상 구분건물은 대상 물건과 가치형성요인이 같거나 비슷한 물건의 거래사례와 비교하여 대상 물건의 현황에 맞게 사정보정·시점수정·가치형성요인 비교 등의 과정을 거쳐 대상 물건의 가액을 산정하는 거래사례비교법으로 「집합건물의 소유 및 관리에 관한 법률」에 따른 구분소유권의 대상이 되는 건물 부분과 그 대지사용권을 일괄하여 가치평가함. 대상 물건은 위치·부근의 상황·규모·건물의 구조·사용자재·층별 및 향별 효용성·인근 유사물건의 정상적인 가격수준·기타 가치형성상의 제 요인 등을 종합적으로 고려하여 건물과 토지의 소유권· 대지권을 일체로 한 거래사례비교법으로 평가함.

대상 물건의 가치 산정

비교 거래사례 산정

① 거래사례

〔##시 *** 가나아파트 상가동〕

기호	동·층·호	전유면적(㎡)	거래가액(원)
(가)	상가동 1층 105호	45.00	300,000,000
전유면적기준 단가(원/㎡)		거래시점/사용승인일	비고
6,666,666		2019. 06. 23. / 2009. 02. 13.	본건 소재 건물 내

본건 평가대상 부동산과 위치, 층별 및 위치별 효용도 등이 유사한 거래사례 기호(가)를 비교사례로 선정함.

② 사정보정(2009. 02. 13.)

사정보정이란 가격의 산정에 있어 수집된 거래사례에 거래관계자의 특수한 사정 또는 개별적인 동기가 개입되어 있거나 거래당사자가 시장사정에 정통하지 못하여 적정하지 않은 가격으로 거래된 경우 그러한 사정이 없는 가격수준으로 정상화하는 작업을 의미하며, 상기 선정된 사례는 현장조사 시 조사된 인근지역의 시세수준과 부합하는 등 정상적인 거래로 판단되어 별도의 사정보정은 필요하지 아니함. (보정치: 1.00)

③ 시점수정

시점수정이란 거래사례의 거래시점과 기준시점이 시간적으로 불일치하여 가격수준의 변동이 있을 경우 거래가액을 기준시점의 수준으로 정상화하는 작업으로, 신뢰할 수 있는 기관 발표의 자본수익률지수를 적용함.

· 자본수익률지수 [매장용/##시]

자본수익률지수는 상가의 가격변동추이를 반영한다고 판단되므로 이를 시점수정치로 적용함. (2019. 06. 23. ~ 2020. 01. 30. : 0.97786)

④ 개별요인 비교

구분		격차율		비고
조건	세항목	사례(가)	본건	
외부요인	가로조건 · 접근조건 · 환경조건 · 획지조건 · 행정적 조건	1.00	1.00	유사함.
건물요인	설계, 설비, 시공상태의 양부 등 · 노후도 · 전용률 · 공용시설의 규모, 구성, 상태 등	1.00	1.00	유사함.
개별적 요인	층별, 위치별 차이 · 베란다의 유무 및 면적의 대소 · 주차장 등의 유무 · 부지에 대한 지분면적의 대소	1.00	1.07	본건이 위치별 차이에서 7%우세함.
	격차율 계	1.00	1.07	

대상 구분건물 가격의 결정

단가 결정

산식: 사례단가 × 사정보정 × 시점수정 × 가치형성요인비교						
기호	사례단가 (원/㎡)	사정보정	시점수정	개별요인	산정단가 (원/㎡)	적용단가 (원/㎡)
(가)	6,666,666	1.00	0.97786	1.07	6,975,401	6,970,000

대상 구분건물 가치 결정

산식: 면적 × 단가				
본건	전유면적	적용단가(원/㎡)	산정금액(원)	결정금액(원)
가	50.00	6,970,000	348,500,000	348,500,000

4
기계기구 가치평가

대상 물건 목록

기호	기계기구 명칭	규격 등	제작처/ 취득년도	수량
1	CTP (일반PS판 출력장비 외 주변장비)	- Basys PrintUV Setter-850SCA (855) - 1Trolly(100매) 자동시스템 - PS판 현상기: CTcP용 (Positive/negativePS판 겸용) - RIP: UV Setter용HQ NT S/W RIP - RIP Sever: Core2 Duo RAM 19inch color monitor - 에어 콤퓨레샤(고급형) - sacker(판적재 기능) 고급형 - A.V.R: 단상 220V 10KVA - Trans(냉각기)	**기계 (국산)/ 2014. 2.	1
2	CTP (일반PS판 출력장비 외 주변장비)	- Basys Print UV Setter-850x SCA - 1Trolly(100매) - PS판 현상기 Model: Bora 85T(CTcP용) - 에어 콤퓨레샤(고급형) - stacker(판적재 기능) 고급형 - A.V.R: 단상 220V 10KVA	**기계 (국산)/ 2017. 4.	1

가치산정 기준

대상 물건이 통상적인 시장에서 충분한 기간 거래를 위하여 공개된 후 그 대상 물건의 내용에 정통한 당사자 사이에 신중하고 자발적인 거래가 있으면 성립될 가능성이 가장 높다고 인정되는 대상 물건의 가액인 시장가치를 기준으로 하여 가치액을 결정함.

가치평가 방법의 적용

본건 기계기구의 가치는 규격·형식·용량·관리상태 등을 종합 참작하여 원가법으로 가치평가 하였으며, 감가수정은 경제적 내용연수를 표준으로 한 정률법을 적용함.

기준시점

본건의 기준시점은 2020년 4월 24일로 함.

기계기구 가격 산정

재조달원가 산정

재조달원가라 함은 가격시점일 현재 대상 물건을 재생산 또는 재취득하는 데 소요되는 비용으로 대상 기계기구의 취득가격을 기준으로 하였음.

기호	재조달원가(원)	경제적 내용연수	비고
1	300,000,000	10	
2	450,000,000	10	

잔존가치율(감가상각율) 산정

감가수정은 경제적 내용연수를 표준으로 한 정률법을 적용함.

기호	구입년도	내용연수	감가연수	잔존 내용연수	잔존가치율	비고
1	2014. 2.	10	6	4	0.251	정률법
2	2017. 4.	10	3	7	0.501	정률법

기계기구 가격 결정

대상 기계기구의 가격은 재조달원가에 감가수정을 하여 가치결정 함.

기호	재조달원가	잔존가치율	평가가격(원)
1	300,000,000	0.251	75,300,000
2	450,000,000	0.501	225,450,000
	합계		300,750,000

제6장

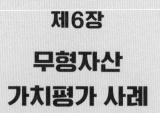

무형자산
가치평가 사례

1
상표권 가치평가

상표권의 정의

상표는 제품이나 서비스의 출처를 알리고 그것을 다른 제품과 구별하기 위해 이용된다. WIPO(World Intellectual Property Organization)에서는 상표를 **개인이나 기업이 생산·제공하는 제품과 서비스를 식별하도록 하는 구분 가능한 표식**이라고 정의하고 있으며, 우리나라 「상표법」 제2조는 상표를 **상품을 생산·가공·증명 또는 판매하는 것을 업으로 영위하는 자가 자가의 업무에 관련된 상품을 타인의 상품과 식별되도록 하기 위하여 사용하는 것**으로 구체적으로는 기호·문자·도형·입체적 형상 또는 이들을 결합한 것(표장)이나 여기에 색채를 결합한 것이라고 정의하고 있다.

따라서 국내 「상표법」상 기호상표·문자상표·도형상표와 이들의 결합상표, 색채상표나 입체상표와 같이 시각적으로 인식될 수 있는 대부분은 상표로 인정된다.

상표권과 브랜드의 관계

우리나라 기업회계기준에서는 무형자산 과목으로 산업재산권을 인정하고 있으며, 산업재산권 항목에 상표권이 포함되어 있다. 상표권과 브랜드의 각각의 정의를 알아보고 그 차이를 살펴보면, 우선 상표는 제품이나 서비스의 출처를 알리고 그것을 다른 제품과 구별하기 위해 이용된다.

브랜드는 미국 마케팅 학회에서는 판매자가 자신의 상품이나 서비스를 다른 경쟁자와 구별해서 표시하기 위해서 사용하는 명칭, 용어, 상징, 디자인 혹은 그의 결합체라고 정의하고 있다. 이는 상표에 대한 일반적인 정의와 매우 근접하며 실제로 많은 사람이 브랜드를 상표의 동의어로 간주하고 있다. 다만 브랜드는 보다 마케팅 개념이 강한 것으로 상표가 갖는 다소 딱딱한 법률적 개념과 달리 자산으로서 기술하기 위해 발전된 개념이다.

일반적으로 브랜드자산이라 함은 *고객이 어떤 브랜드에 대하여 호감을 갖게 됨으로써 그 상표를 붙이고 있는 상품의 가치가 증가한 부분*을 지칭한다. 하지만 브랜드자산의 정의가 학문적 배경 및 목적에 따라 다르기 때문에 하나의 통일된 정의로 도출되지 않고 있다. 브랜드자산의 정의는 브랜드자산 측정에 대한 방향성에 따라 리서치 회사 등은 설문지 등을 이용하여 마케팅적으로, 경영컨설턴트 등은 재무상태표를 응용하여 회계학적으로 접근한다.

상표권의 종류

: 전용사용권

상표의 전용사용권은 상표 설정행위로 정한 범위내에서 지정상품에 관한 등록상표를 사용할 권리를 독점할 수 있는 권리를 말한다.

상표권자가 아닌 자가 상표권자의 동의를 얻어 상표권에 관하여 전용사용권자를 설정·등록한 경우, 설정된 상표의 전용사용권자는 상표권자와 마찬가지로 제3자가 등록상표와 동일하거나 이와 유사한 상표를 그 지정상품과 동일하거나 이와 유사한 상품에 사용하는 등의 권리침해에 대하여 금지 또는 예방을 청구할 수 있다. 또한, 상표권자의 동의를 얻어 그 전용사용권을 타인에게 이전하거나 통상사용권을 설정할 수 있다. 전용사용권의 설정이전 등은 등록하여야 효력이 발생하며(등록은 효력 발생요건), 전용사용권자는 등록상표를 사용하는 상품에 자기의 성명 또는 명칭을 표시해야 한다.

: 통상사용권

통상사용권은 통상사용권의 설정행위로 정한 범위 내에서 지정상품에 관하여 등록상표를 사용할 권리를 갖는다는 점에서는 전용사용권과 동일하나 통상사용권이 설정된 상표의 권리침해에 대한 금지청구권이 없다는 점에서 전용사용권과 구별된다.

상표권자 또는 전용사용권자는 타인에게 그 상표권에 관하여 통상사용권을 설정할 수 있으며, 통상사용권자는 상표권자 및 전용사용권자의 동의를 얻어 그 통상사용권을 타인에게 이전할 수 있다.

상표를 최초의 상표권자가 직접 사용하는 경우 이외에 로열티나 기타의 계약조건에 의해 상표를 제3자가 이용하는 경우에는 주로 통상사용권이 이용되며, 외국의 유명상표를 이용해 국내에서 이용하는 경우에도 대부분 통상사용권이 이용된다. 전용사용권과 마찬가지로 통상사용권의 설정이전 등은 등록하지 아니하며 제3자에게 대항할 수 없으며(등록은 제3자 대항요건), 통상사용권자는 등록상표를 사용하는 상품에 자기의 성명 또는 명칭을 표시해야 한다.

상표권의 발생과 존속, 소멸

: 상표권의 존속기간

상표권은 설정등록에 의하여 발생하는데 상표권의 존속기간은 설정등록이 있는 날로부터 10년이며, 상표권의 존속기간 갱신등록출원에 의하여 10년간씩 그 기간을 갱신할 수 있으므로 계속 사용을 하는 한 반영구적인 효력을 갖는다.

「상표법」 제83조(상표권의 존속기간)

① 상표권의 존속기간은 제82조제1항에 따라 설정등록이 있는 날부터 10년으로 한다.

② 상표권의 존속기간은 존속기간갱신등록신청에 의하여 10년씩 갱신할 수 있다.

③ 제1항 및 제2항에도 불구하고 다음 각 호의 어느 하나에 해당하는 경우에는 상표권의 설정등록일 또는 존속기간갱신등록일부터 5년이 지나면 상표권이 소멸한다.

1. 제72조제3항 또는 제74조에 따른 납부기간 내에 상표등록료(제72조제1항 각 호 외의 부분 후단에 따라 상표등록료를 분할납부하는 경우로서 2회차 상표등록료를 말한다. 이하 이 항에서 같다)를 내지 아니한 경우
2. 제76조제1항에 따라 상표등록료의 보전을 명한 경우로서 그 보전기간 내에 보전하지 아니한 경우
3. 제77조제1항에 해당하는 경우로서 그 해당 기간 내에 상표등록료를 내지 아니하거나 보전하지 아니한 경우

: 상표권의 이전

상표권의 이전이란 상표권의 내용의 동일성을 유지하면서 소유 자체만을 교체하는 것을 말한다.

상표권도 무체재산권의 일종으로 일반재산권과 마찬가지로 자유로운 이전이 허용되어야 할 것이나, 상표권의 목적에 비추어 수요자 이익 보호 등을 위해 필요한 경우에 일정한 제한이 가해지고 있다. 일반적으로 상표권은 그 자체만을 특정하여 영업과 함께하지 아니하고도 매매·증여 등에 의하여 자유롭게 양도될 수 있고, 또한 지정상품마다 분할이전 할 수도 있다.

: 상표권의 소멸

상표권은 갱신을 하지 않아 존속기간이 만료하거나 상표권을 포기하는 경우에 소멸하며, 또한 상표권자의 사망일로부터 3년 이내에 상속인이 그 상표권자의 이전 등록을 하지 아니한 경우에도 소멸된다.

상표권 평가기준

: 감정평가에 관한 규칙 제23조

> 제23조 (무형자산의 감정평가)
> ③ 감정평가업자는 영업권, 특허권, 실용신안권, 디자인권, 상표권, 저작권, 전용측선이용권(專用側線利用權), 그 밖의 무형자산을 감정평가할 때에 수익환원법을 적용하여야 한다.

: 「상속세 및 증여세법」 시행령 제59조

> 제59조 (무체재산권 등의 평가)
>
> ⑤ 특허권·실용신안권·상표권·디자인권 및 저작권 등은 그 권리에 의하여 장래에 받을 각 연도의 수입금액을 기준으로 기획재정부령이 정하는 바에 의하여 계산한 금액의 합계액에 의한다. 이 경우 각연도의 수입금액이 확정되지 아니한 것은 평가기준일전 3년간의 각 연도 수입금액의 합계액을 기획재정부령이 정하는 바에 따라 평균한 금액을 각 연도의 수입금액으로 할 수 있다.

: 「상속세 및 증여세법」 시행규칙 제19조

> 제19조 (무체재산권 등의 평가)
>
> ① 영 제59조제2항 산식에서 "기획재정부령이 정하는 율"이라 함은 100분의 10을 말한다.
>
> ② 영 제59조제5항 전단에 따른 특허권·실용신안권·상표권·디자인권 및 저작권등의 가액은 다음의 산식에 의하여 환산한 금액의 합계액으로 한다.
>
> 각 연도의 수입금액 $\div (1+10/100)^n$ n: 평가기준일부터의 경과연수
>
> ③ 제2항의 산식을 적용함에 있어서 평가기준일부터의 최종 경과연수는 당해 권리의 존속기간에서 평가기준일 전일까지 경과된 연수를 차감하여 계산한다. 이 경우 평가기준일부터의 최종 경과연수가 20년을 초과하는 때에는 20년으로 한다.

상표권 가치산정 방법

: 상표권의 범위

① 기업가치 분류

$$V = V_1 + V_2 + V_3 + V_4$$

V_1은 기업이 보유하고 있는 유동자산의 가치, V_2은 기업이 보유하고 있는 유형자산의 가치, V_3는 기업이 지니고 있는 무형자산의 가치, V_4은 영업권가치이다. V는 총 기업가치로서 자본의 시장가치와 부채의 시장가치 합으로 표현할 수 있다.

여기서 V_1은 기업이 보유하고 있는 현금·당좌자산 등이며, V_2는 기업 유형자산의 대체원가와 동일하다. 따라서 V_3, V_4는 구체화될 수 없는 무형자산 가치 및 영업권가치로서 평가되는 기업의 재무적 가치와 기업의 유동자산과 유형자산의 대체원가와의 차이로 추계될 수 있다 ($V_3 + V_4 = V - V_1 - V_2$).

: 총무형자산과 상표권 관계

무형자산의 주요 구성요소는 다음 세 가지로 구분한다.

① Simon & Sullivan의 구분 방식

$$V_n = \int (V_a \ V_b \ V_c)$$

여기서 V_a는 상표권 등의 자산가치이며, V_b는 연구개발비·특허 등과 같이 경쟁제품에 비해 상대적으로 비용을 절감할 수 있는 비상표권 등 요소의 가치, V_c는 인적자산 가치이다. 따라서 상표권 등 자산은 무형자산 가치를 구하는 일부이므로 상표권 등 지분의 가치는 무형자산의 가치를 넘을 수 없다.

: 상표권 가치평가 방법

① 기업총가치

$$V = V_1 + V_2 + V_3 + V_4$$

V = 기업가치　V_1 = 유동자산 가치　V_2 : 유형자산 가치
V_3 = 무형자산 가치　V_4 = 영업권 가치

② 기업 사업이익

$$V_{DE} = V_{1DE} + V_{2DE} + V_{3DE} + V_{4DE}$$

V_{DE} = 기업 사업이익　V_{1DE} = 유동자산 기여이익　V_{2DE} = 유형자산 기여이익
V_{3DE} = 무형자산 기여이익　V_{4DE} = 영업권 기여이익

③ 무형자산 기여이익

V_{3DE} = 상표권 기여이익 + 특허권 기여이익 + 인적자산 기여이익

④ 상표권 기여이익

상표권 기여이익 = 기업사업이익 − α(유형자산)
− β(유동자산)
− δ(상표권 제외 무형자산)
− γ(영업권 기여이익)

α, β, δ, γ : 회귀계수(각 자산의 자본비용)

⑤ 상표권 가치산정

$$상표권 = \sum_{t=0}^{n} \frac{상표권\ 기여이익}{(1+i)^t}$$

n = 상표권 내용연수　i = 할인율　t = 현금흐름의 추정년도

⑥ 상표권 가치산정 절차

대상 사업체 현황 분석

⇩

대상 사업체 영업이익 산정

⇩

대상 업체(자산 및 판매관리비) 분석

⇩

유동·유형자산 기여이익 산정

⇩

총무형자산 기여이익 산정

⇩

무형자산별 기여이익률 산정

⇩

상표권 기여이익 산정*

⇩

상표권 가치 산정

⇩

상표권 가치 결정

---

* 상표권기여이익 개념은 상표권공헌이익으로 표현 가능함.

상표권 가치평가 사례1

가치평가 대상

***도 **군 **읍 소재의 『##영농협동조합』의 상표 및 서비스표의 상표권 가치

상표 및 서비스표 등록

등록번호/등록일자	출원번호/출원일자	출원인	상품분류	명칭국문	상태
999/201*.**.	111/200*.**.	##영농조합법인	43	**	등록
777/201*.**.	222/200*.**.	##영농조합법인	35상표	**	등록

가치산정 목적

본 가치산정 목적은 『##영농협동조합』의 상표·서비스표의 상표권 가치의 경제성을 추정· 산정하기 위한 것임.

가치산정 조사기간 및 산정시점

2020. 02. 16. ~ 2020. 02. 27.

대상 기업 개황

기업 현황

기업명	##영농조합법인	대표자	***
업종명	축산·도소매·서비스	종목	양돈·식육유통·사료

판매량·매출처 현황

판매	판매량	1일 450두~500두, 월 9,900~ 11,000두	22일 기준
	주문량	1일 800두, 월 17,600두	22일 기준
매출처		** Mart, ## Super, ** Retail, **중앙회 외	

손익계산서 요약*

단위: 천 원

계정명	2016. 01. 01. ~ 12. 31.		2017. 01. 01. ~ 12. 31.		2018. 01. 01. ~ 12. 31.	
	금액		금액		금액	
매출		58,907,380		40,039,307		40,682,236
상품매출	58,097,380		40,039,307		40,670,836	
임대료수입	-		-		11,400	
매출원가		56,264,953		37,416,711		37,685,202
상품매출원가		56,264,953		37,416,711		37,685,202
기초상품재고액	1,282,948		729,263		1,152,524	
당기상품매입액	55,711,268		37,839,972		38,426,489	
타계정으로대체액	-		-		1,670	
기말상품재고액	729,263		1,152,524		1,892,140	
매출총이익		2,642,427		2,622,596		2,997,034
판매비와 관리비		2,137,674		1,875,956		2,057,245
임원급여	-		108,000		108,000	
직원급여	463,700		356,631		365,554	
상여금	-		0		12,000	
제수당(비과세)	46,580		0		-	
잡급	0		0		400	
퇴직급여	18,982		47,273		3,068	
복리후생비	47,641		45,541		42,422	
여비교통비	9,447		9,116		6,253	
접대비	11,209		21,969		18,503	
통신비	13,027		12,907		9,946	
수도광열비	14,511		20		85	
전력비	-		0		803	
세금과공과	15,261		13,517		21,648	
감가상가비	-		28,022		62,955	
지급임차료	340		45,686		54,584	
수선비	1,656		150		8,868	
보험료	14,098		29,129		33,278	
차량유지비	50,397		38,834		33,663	
경상연구개발비	-		-		20,258	
운반비	810,678		520,439		534,133	
교육훈련비	1,156		35		716	
도서인쇄비	1,399		179		10,020	
회의비	-		0		1,200	

* 재무상태표는 본서에서는 생략함.

포장비	359,665		397,833		383,369	
사무용품비	-		1,469		1,943	
소모품비	31,015		12,409		23,828	
지급수수료	135,939		120,428		176,169	
리스료	29,717		20,297		6,746	
광고선전비	24,574		43,799		44,415	
대손상각비	15,945		0		52,222	
판매수수료	-		-		18,794	
잡비	2,730		2,274		1,400	
보관료	18,007		0		-	
영업이익		504,753		746,640		939,789

매출총이익률 산정

단위: 천 원

	2017년도	2018년도	2019년도	3개년 가중평균율*
매출	58,907,380	40,039,307	40,682,236	-
매출원가	56,264,953	37,416,711	37,685,202	-
매출총이익	2,642,427	2,622,596	2,997,034	-
매출총이익률(%)	4.49	6.55	7.37	**6.62**

* 3개년 가중평균율: (4.49×1 + 6.55×2 + 7.37×3) ÷ 6 ≒ 6.62

총무형자산 기여이익 산정

제품가격 비교 분석

〈2016년도 대상 기업과 동종 업종 제품가격 비교〉

품목		생산비율(%)	대상기업 제품가격	동종업종 평균제품가격	가격차이	가중치 비율(%)*
정육	삼겹살	13.1	16,160	15,660	500	0.41
	갈비	3.0	8,690	8,630	60	0.02
	목심	5.0	14,930	14,390	540	0.18
	등심	5.7	8,440	8,240	200	0.14
	앞다리	9.8	8,550	8,290	260	0.30
	뒷다리	18.5	5,830	5,700	130	0.41

	안심	1.0	8,580	8,400	180	0.02
	기타	5.3	-	-	-	-
	계	**61.4**				**1.48**
부산물	두내장	-	20,690	20,440	250	-
	등뼈	4.5	2,660	2,530	130	0.22
	족발	8.3	5,510	5,390	120	0.18
	A지방	4.9	1,830	1,820	10	0.03
	기타	18.5	-	-	-	-
	계	**36.2**	**30,690**	**30,180**	**510**	**0.43**
로스율		2.4	-	-	-	-
합계		**100.0**				**1.91**

*가중치비율(%) = [가격 차이/대상 기업 제품가격] × 생산비율(%) (이하 동일)

〈2017년도 대상 기업과 동종 업종 제품가격 비교〉

품목		생산비율(%)	대상기업 제품가격	동종업종 평균제품가격	가격차이	가중치 비율(%)
정육	삼겹살	13.1	13,100	12,570	530	0.53
	갈비	3.0	6,420	6,210	210	0.10
	목심	5.0	12,290	11,730	560	0.23
	등심	5.7	5,640	5,400	240	0.24
	앞다리	9.8	6,300	6,010	290	0.45
	뒷다리	18.5	4,080	3,900	180	0.82
	안심	1.0	6,910	6,620	290	0.04
	기타	5.3	-	-	-	-
	계	**61.4**				**2.41**
부산물	두내장	-	14,080	13,240	840	-
	등뼈	4.5	2,340	2,260	80	0.15
	족발	8.3	4,230	4,190	40	0.08
	A지방	4.9	1,210	1,140	70	0.28
	기타	18.5	-	-	-	-
	계	**36.2**	**21,860**	**20,830**	**1,030**	**0.51**
로스율		2.4	-	-	-	-
합계		**100.0**				**2.92**

〈2018년도 대상 기업과 동종 업종 제품가격 비교〉

품목		생산비율(%)	대상기업 제품가격	동종업종 평균제품가격	가격차이	가중치 비율(%)
정육	삼겹살	13.2	12,530	12,070	460	0.48
	갈비	3.0	5,680	5,620	60	0.03
	목심	5.0	12,100	11,510	590	0.24
	등심	5.8	4,180	4,010	170	0.24
	앞다리	9.8	5,480	5,250	230	0.41
	뒷다리	18.8	3,180	3,050	130	0.77
	안심	1.0	4,650	4,490	160	0.03
	기타	4.9	-	-	-	-
	계	**61.5**				**2.20**
부산물	두내장	-	5,190	4,980	210	-
	등뼈	4.4	1,520	1,380	140	0.41
	족발	8.2	3,470	3,300	170	0.40
	A지방	5.3	1,080	1,080	0	0.00
	기타	18.2	-	-	-	-
	계	**36.0**	**11,260**	**10,740**	**520**	**0.81**
로스율		2.5	-	-	-	-
합계		**100.0**				**3.01**

〈2019년도 대상 기업과 동종 업종 제품가격 비교〉

품목		생산비율(%)	대상기업 제품가격	동종업종 평균제품가격	가격 차이	가중치 비율(%)
정육	삼겹살	13.1	14,720	14,160	560	0.50
	갈비	3.0	7,650	7,600	50	0.02
	목심	4.9	14,450	13,860	590	0.20
	등심	5.7	6,110	5,860	250	0.23
	앞다리	9.9	7,240	6,900	340	0.46
	뒷다리	18.4	4,350	4,130	220	0.93
	안심	1.0	5,750	5,620	130	0.02
	기타	5.3	-	-	-	-
	계	**61.3**				**2.36**

부산물	두내장	-	8,000	7,860	140	-
	등뼈	4.4	1,670	1,600	70	0.19
	족발	8.3	4,690	4,630	60	0.11
	A지방	5.2	1,410	1,370	40	0.15
	기타	18.3	-	-	-	-
	계	**36.2**	**15,770**	**15,460**	**310**	**0.45**
로스율		2.5	-	-	-	-
합계		**100.0**				**2.81**

총무형자산 기여이익 산정

총무형자산 기여이익 = 매출 증가액 × 매출 총 이익률
(매출증가액 = 무형자산기여가격차이률 × 매출액)

매출증가액 산정

단위: 천 원

년도	매출액 ①	가격가중치 비율(%)* ②	매출증가액 ①×②	가중평균
2017	58,907,380	2.81	1,655,000	1,655,000 (1,655,000×1)
2018	40,039,307	2.81	1,125,000	2,250,000 (1,125,000×2)
2019	40,682,236	2.81	1,143,000	3,429,000 (1,143,000×3)
가중평균	-	-	-	1,222,000

* 2019년 가격 차이 가중치비율은 2.81%이며, 2016~2018년 3개년 가중평균치는 2.797로서 유사한 근사치를 나타내는바, 2019년 가중치비율을 2017~2019년 3개년 동일 적용함은 적정하다고 판단됨.

기여이익 산정

매출증가액	매출총이익률
1,222,000,000	0.0662

총무형자산 기여이익

1,222,000,000 × 0.0662 ≒ **81,000,000**

총무형자산 기여이익률 산정

산정 방법

무형자산 결정 요인인 브랜드자산(상표권 등), 인적자산 및 구조적 자산(특허권 등)에 배분하기 위해서는 무형자산 기여이익배분율에 의한다. 기여이익배분율은 무형자산 결정 요인별 발생비용 각각의 비율에 따라 측정된다. 무형자산의 결정 요인으로써 세 가지 자산가치의 상관관계와의 종속변수로 수정된 매출총이익 등을 독립변수로, 연구개발비·광고선전비·교육훈련비 등을 단일변수로 사용한다.

기여이익률 산정식

IAdp = TRdp + RDdp + Hdp

IAdp: 총무형자산 기여 이익률
TRdp(상표권 발생비용: 광고선전비 등): 상표권 기여이익률
RDdp(특허권 발생비용: 경상연구개발비 등): 특허권 기여이익률
Hdp(인적투자 발생비용: 교육훈련비 등): 인적자산 기여이익률

총무형자산 기여이익률 산정

① 총무형자산 발생비용 분석

단위: 천 원

발생비용	2017년	2018년	2019년
광고선전비	24,574	43,799	44,415
연구개발비	-	-	20,258

교육훈련비	1,156	35	716
합계	25,730	43,834	65,389

상기 자료를 검토한바 모든 계정에 비용이 발생한 '2019년'을 기준으로 IAC(총무형자산 발생비용)를 산정함이 적절하다고 판단되며, 2019년을 기준으로 개별 무형자산 기여이익률을 산정함.

② 개별 무형자산별 기여이익율 산정

(1) 총무형자산 발생비율 분석

전체발생비율	산식	비율(%)
TRdp (광고선전비 비율)	44,415 ÷ 65,389	67.9
RDdp (연구개발비 비율)	20,258 ÷ 65,389	31.0
Hdp (교육훈련비 비율)	716 ÷ 65,389	1.1

(2) 개별무형자산 기여이익률 산정

무형자산별 기여이익율을 상기 자료에 의해 다음과 같이 산정함.

개별무형자산	기여이익률
상표권 기여이익률 (TRdp)	0.679
특허권 기여이익률 (RDdp)	0.310
인적자산 기여이익률 (Hdp)	0.011

상표권 기여이익 산정

산정식

$$TRPI = IDE \times TRdp$$

TRPI: 상표권 기여이익　IDE: 총무형자산 기여이익

TRdp: 상표권 기여이익률(TRc/IAC)

TRc: 상표권 발생비용(광고선전비 등)
IAC: 총무형자산발생비용(광고선전비·연구개발비·교육훈련비 등)

상표권 기여이익률 산정

단위: 천 원

총무형자산 발생비용	상표권 발생비용	비율(%)	기여이익률
65,389	44,415	67.9	**0.679**

상표권 기여이익 산정

81,000,000 × 0.679 = **54,999,000원**

상표권 가치산정 방법

산정식

$$\text{상표권 가치} = \sum_{t=0}^{n} \frac{\text{상표권 기여이익}}{(1+i)^t}$$

n = 상표권 내용연수(평가기준일로부터의 경과년수)
i = 할인율
t = 상표권 기여이익 현금 수입년도

상표권 가치산정 현금흐름 내용연수 결정

① 상표권의 존속기간

상표권은 설정등록에 의하여 발생하는데 상표권의 존속기간은 설정등록이 있는 날로부터 10년이며, 상표권의 존속기간 갱신등록출원에 의하여 10년간씩 그 기간을 갱신할 수 있으므로 계속 사용을 하는 한 반영구적인 효력을 갖는다.

② 내용연수 산정

「법인세법」 시행령 제28조 제1항 및 시행규칙 제15조 제2항, 일반회계 기준 및 당해 업종의 특성 등을 종합 고려하여 n=5년을 기준함.

할인율 결정

본건 상표권 기여이익의 획득가능 기간의 유한복리법 적용에 있어 복리연금현가율은 「상속세 및 증여세법」 시행규칙 제19조 제1항의 10/100을 기준으로 하여 10%로 결정한다.

연금현가계수 할인율 = **10.00%**

상표권 가치 산정

단위: 원

현금흐름기간(년)	상표권 기여이익	연금현가계수*	상표권 가치 산정
5	54,999,000	3.79080	208,490,209

* (i=0.1, n=5)

상표권 가치 결정

상표권 가치	208,000,000원

상표권 가치평가 사례2

가치산정 대상

##시 *구 **33 소재의 「### 특허」 회사 소유의 상표서비스·상표권

상표서비스·상표권

ABS##

감정평가 목적

본건은 「### 특허」 소유의 「ABS##」에 대한 상표서비스 및 상표 관련 일체의 상표권 가치의 경제성을 판단하기 위함.

기준 시점

2019. 12. 13.

감정평가 조건

1. 가치평가 대상인 상표권은 서로 결합·보조하여 기업매출에 공헌하는 것으로 개별 구분하여 산정이 곤란한바, ABS## 관련 상표서비스·상표권 등은 일체의 일괄 가치로 산정하였음.

2. 상표권에 대한 평가액 산정에 있어 상표권의 존속 기간, 영업이익의 변화, 할인율 및 당해 기업 및 산업의 경제변화 등 제 변수요인의 결정에 따라 가치 산정액이 달라질 수 있으나, 서로 다른 환경에 있는 무형자산 가치 산정을 단일기준하에 제 변수요인을 일률적으로 동일 적용하는 것은 부적절하다고 판단되며, case by case로서 본건 가치산정에서는 평가대상 상표권 등에 적정하다고 판단되는 기간 및 제이율 등을

기준하였음.

상표권 가치산정

대상 사업체 개황

① 소재지

##시 *구 **33

② 상표권 소유사업체 성격

상호	ABS##		
사업자등록번호	******	대표자	***
사업의 종류	서비스	종목	산업재산권 임대

③ 상표권 전용사용 사업체 성격

상호	㈜CD###		
사업자등록번호	******	대표자	***
사업의 종류	도소매	종목	계육, 계육양념 외

상표권 기여이익 결정방식

본건 평가대상 상표권(ABS## 관련 상표 일체)의 가치평가는

① 직접법으로서, ABS##의 ㈜CD###의 상표권 로열티 수입액에 의한 상표권 기여이익 산정

② 간접법으로서, ㈜CD###의 영업이익분석방식에 의한 상표권 기여이익 산정

①과 ②의 비교에 의한 적정 상표권 기여이익을 결정하여 장래 수입현금흐름 가능년수를 추정한 후 할인율에 의해 상표권 현재 가치를 구함.

직접법에 의한 상표권 기여이익 산정

대상사업체 및 산업재산권 사용권 계약내용

① 상표서비스·상표권 등 소유회사: 「### 특허」 소유의 'ABS##'

② 산업재산권 사용권 계약 내용

계약 대상물	계약기간	계약금액	사용권계약자
서비스표 등록증 (등록 ###호) (출원번호:제***호)	2016. 01. 01. ~2020. 12. 31. (5년간)	연간 120,000,000 (부가세 별도)	㈜CD###

재무상태표 분석

단위: 원

과목	2016년	2017년
유동자산	852,410	786,900
유형자산	-	-
무형자산	149,291,668	124,791,668
자산합계	150,144,078	125,578,568

* 2개년 재무상태표는 본서에서는 생략함.

손익계산서 분석

과목	2016년	2017년	비고
매출액	147,924,386	148,981,820	2개년 평균매출액 배분구성비율 · 평가대상 상표권 로열티 (매출액 120,000,000, 80.83%) · 기타 특허로열티 (19.17%)
매출원가	-	-	
매출총이익	147,924,386	148,981,820	
판매비와 관리비	29,715,953	44,131,480	
영업이익	118,208,433	104,850,340	
당기순이익	118,208,433	104,850,340	

* 2개년 손익계산서는 본서에서는 생략함.

판매관리비 분석

과목	2016년	2017년	비고
복리후생비	2,849,560		
통신비	48,560		
세금과 공과금	12,500	5,619,300	
보험료		958,180	
지급수수료	6,472,000	13,053,000	
무형자산상각비	20,333,333	24,500,000	평가대상 및 기타 특허권 상각비
합계	29,715,953	44,131,480	-
무형자산상각비 제외 판매관리비	9,382,620	19,631,480	-
평가대상 비율 판매관리비	7,583,971	15,868,125	평가대상 매출비율 (80.83% × i) 금액

평가대상 상표권 사용료 순소득 산정

과목	2016년	2017년	2개년 평균
소득	120,000,000	120,000,000	120,000,000
비용	7,583,971	15,868,125	11,726,000
순소득	112,416,029	104,131,875	108,274,000

상표권 기여이익 산정

상기 ㈜CD###의 산업재산권 사용료에 따른 순소득액 108,274,000원을 직접법의 상표권기여이익으로 결정함.

상표권 기여이익	108,274,000원

간접법에 의한 상표권 기여이익 산정

상표권 전용 사용 사업체 및 계약사항

① 서비스상표·상표권 등 전용 사용계약 회사: ㈜CD###

② 대상 사업체의 서비스상표·상표권 전용 사용: 대상업체인 「㈜CD ###」는 평가대상 서비스표·상표권 등을 전용 사용하여 계육, 계육 양념 등의 상품을 공급하는 프랜차이즈 사업을 영위하는 회사임.

상표권 등의 전용사용 사업체의 재무제표*

① 재무상태표 요약

과목	2016년(원)	2017년(원)
유동자산	1,951,286,104	3,146,764,292
유형자산	113,427,742	103,924,810
무형자산*	-	-
투자 및 기타 비유동자산	680,073,200	700,073,200
합계	2,744,787,046	3,950,702,382

* 무형자산은 없는 상태임.

② 손익계산서 요약

과목	2016년(원)	2017년(원)
매출액	5,632,136,441	5,657,330,445
매출원가	3,756,042,709	3,723,258,190
매출총이익	1,876,093,732	1,934,072,255
판매비와 관리비	864,803,527	876,250,195
영업이익	1,011,290,205	1,057,822,060
당기순이익	944,998,323	1,108,522,067

* 2개년 재무상태표, 손익계산서 작성은 본서에서는 생략함.

(3) 판매관리비 분석

<table>
<tr><th>기호</th><th>과목</th><th>2016년</th><th>2017년</th><th>2개년 평균</th><th>비고(합계액)</th></tr>
<tr><td rowspan="2">1</td><td>광고선전비</td><td>46,901,908</td><td>54,049,908</td><td>50,476,000</td><td>상표권 관련 비용</td></tr>
<tr><td>판매촉진비</td><td>747,782</td><td>12,252,300</td><td>7,000,000</td><td>평가대상 상표권 등 사용료</td></tr>
<tr><td>2</td><td>특허사용료</td><td>120,000,000</td><td>120,000,000</td><td>120,000,000</td><td rowspan="8">무형자산·영업권 관련 비용</td></tr>
<tr><td rowspan="7">3</td><td>통신비</td><td>23,144,328</td><td>9,773,185</td><td>16,459,000</td></tr>
<tr><td>수도광열비</td><td>2,125,760</td><td>238,950</td><td>1,182,000</td></tr>
<tr><td>전력비</td><td>3,267,013</td><td>4,551,834</td><td>3,909,000</td></tr>
<tr><td>세금과 공과금</td><td>78,282,788</td><td>48,317,869</td><td>63,300,000</td></tr>
<tr><td>감가상각비</td><td>4,168,315</td><td>9,499,932</td><td>6,834,000</td></tr>
<tr><td>사무용품비</td><td>3,817,455</td><td>725,437</td><td>2,271,000</td></tr>
<tr><td>소모품비</td><td>25,801,222</td><td>30,936,335</td><td>28,369,000</td></tr>
<tr><td>4</td><td>기타 판매비, 관리비</td><td>556,546,956</td><td>584,904,445</td><td>570,726,000</td><td>상표권외무형자산·영업권 관련 비용</td></tr>
<tr><td colspan="2">합계</td><td>864,803,527</td><td>876,250,195</td><td>870,526,000</td><td></td></tr>
</table>

상표 사용권 사업체의 영업이익

과목	2016년	2017년	2개년 평균
소득	1,011,290,205	1,057,822,060	1,034,556,000

유동·유형자산 기여이익 산정

유동·유형자산 기여이익 = (유동자산+유형자산) × 유사 업종 총자산세전수익률

① 유동·유형자산 평균액 산정

과목	2016년	2017년	2개년 평균액
유동자산	1,951,286,104	3,146,764,292	2,549,025,000
유형자산	113,427,742	103,924,810	108,676,000
합계	2,064,713,846	3,250,689,102	**2,657,701,000**

② 유동·유형자산 기여이익률

(1) 동·유사 업종 총자산세전순이익률

항목	2016년	2017년	2개년 평균
총자산세전순이익률(%)	5.18	6.01	5.60

출처: 한국은행 경제통계시스템 기업경영분석 통계자료, 도매

(2) 유동·유형자산 기여이익률 결정

유동·유형자산 기여이익률	5.60%

(3) 유동·유형자산 기여이익 산정

유동·유형자산액(원)	유동·유형자산기여이익률(%)	유동·유형자산 기여이익(원)
2,657,701,000	5.60	148,831,000

상표권 전용사용사업체의 무형자산 및 영업권 기여이익

상표권 기여이익 = 기업영업이익 - 유동·유형자산 기여이익
-상표권 제외 무형자산 기여이익 - 영업권 기여이익

상표권 제외 무형자산 기여이익 + 영업권 기여이익
= 기업영업이익 - 유동·유형자산 기여이익 - 상표권 기여이익

① 무형자산 및 영업권 기여이익률

(1) 판매비·관리비 비용 분석

기호	과목	2개년 평균액(원)	비율(%)	비고
1	광고선전비 판매촉진비	57,476,000	7.68	대상사업체 자체 상표권 관련비용
2	특허사용료	120,000,000	16.04	평가대상 상표권 관련비용
3	인건비, 접대비, 교육훈련비 등 기호 1, 2, 4 제외 판매관리비	570,726,000	76.28	상표권 이외 무형자산 및 영업권 관련비용
4	통신비·감가상각비 등	122,324,000	-	무형자산·영업권 무관계 판매관리비
합계		870,526,000	100	

(2) 무형자산, 영업권 기여이익률 배부율 결정

과목		배부율(%)
상표권	대상 업체자체 비용 비율	7.68
	평가대상 로열티	16.04
상표권 이외 무형자산 및 영업권 관련 비용 비율		76.28

② 상표권 이외 무형자산 및 영업권 기여이익 산정

(무형자산+영업권) 기여이익 × 상표권 이외 무형자산 및 영업권 기여이익률

(1) 기업영업이익 및 유동·유형자산 기여이익

기업영업이익	유동·유형자산 기여이익
1,034,556,000	148,831,000

(2) 상표권 이외 무형자산 및 영업권 기여이익

(1,034,556,000 - 148,831,000) × 0.7628 = **675,631,000원**

상표권 기여이익 산정 및 배부

① 상표권 기여이익 산정

1,034,556,000 - 148,831,000 - 675,631,000 = **210,094,000원**

② 상표권 기여이익 배부

총 상표권 기여이익	과목	배부율(%)	기여이익액(원)
210,094,000	자체상표권 기여이익	32.38	68,028,000
	평가대상 기여이익	67.62*	142,066,000

* 배부율: 16.04 / (7.68+16.04) = 67.62%

상표권 이익 결정

상표권 기여이익 결정 의견

평가대상 상표권 일체에 대하여 ① 직접방식인 상표권 소유자의 직접 소득에 의해 산정된 상표권 기여이익과 ② 간접방식에 의한 현재 및 장래소득에 영향을 미치는 상표권 전용 사용 대상 업체의 영업이익을 분석하여 산정한 상표권 기여이익에 대해 각각 가중치를 각각 55%:45%로 결정하여 상표권 기여이익으로 결정함.

상표권 기여이익 결정

직접법에 의한 상표권 기여이익	간접법에 의한 상표권 기여이익
108,274,000	142,066,000

상표권 공헌이익 결정

	기여이익	가중치(%) / 금액
직접법	108,274,000	55 / 59,551,000
간접법	142,066,000	45 / 63,930,000
상표권 기여이익(가중평균액) : 123,481,000		

상표권 평가액 결정

상표권 가치평가 결정 요인

① 상표권 가치평가 산정식

$$\text{상표권 가치} = \sum_{t=0}^{n} \frac{\text{상표권 기여이익}}{(1+i)^t}$$

n = 상표권 내용연수(평가기준일로부터의 경과년수)

i = 할인율　t = 상표권 기여이익 현금 수입년도

② 상표권 가치산정 현금흐름 내용연수 결정

상표권의 존속기간(10년간씩 그 기간을 갱신할 수 있는 반영구적 효력), 「법인세법」 시행규칙 제15조 제2항, 상표권의 이전성 등을 종합 고려하여 n=5년을 기준함.

③ 할인율 결정

본건의 상표권 평가에 있어 공헌이익의 획득가능기간 동안의 유한복리법 적용에 있어서의 복리연금현가율은 「상속세 및 증여세법」 시행규칙 제19조 제1항의 10/100을 기준으로 하여 10%로 결정한다.

연금현가계수 할인율	10.00%

상표권 평가액 산정

상표권 공헌이익	×	연금현가계수	=	산정액(원)
123,481,000	×	3.79080	=	468,091,775

* 연금현가계수: n=5년, i=10% 기준

상표권 평가액 결정

상표권 가치	468,000,000원

2
특허권 가치평가

특허권 가치산정 방법

: 총무형자산 가치와 특허권 가치와의 관계

무형자산의 구성요소로서 다음 세 가지 주요요소로 구분한다.

Simon & Sullivan의 구분 방식

$$V_n = \int (V_a \ V_b \ V_c)$$

여기서 V_a는 연구개발비, 특허 등과 같이 경쟁제품에 비해 상대적으로 비용을 절감할 수 있는 특허권 등의 가치이며, V_b는 상표권 등의 브랜드자산 가치이며, V_c는 인적자산 가치이다. 따라서 특허권 등 자산은 무형자산 가치를 구하는 일부이므로 특허권 등 지분의 가치는 무형자산의 가치를 넘을 수 없다.

특허권 가치평가 관련 법률

「특허법」 제88조 (특허권의 존속기간)

① 특허권의 존속기간은 제87조제1항에 따라 특허권을 설정등록한 날부터 특허출원일 후 20년이 되는 날까지로 한다.
② 정당한 권리자의 특허출원이 제34조 또는 제35조에 따라 특허된 경우에는 제1항의 특허권의 존속기간은 무권리자의 특허출원일의 다음 날부터 기산한다.

「특허법」 제89조 (허가 등에 따른 특허권의 존속기간의 연장)

① 특허발명을 실시하기 위하여 다른 법령에 따라 허가를 받거나 등록 등을 하여야 하고, 그 허가 또는 등록 등(이하 "허가등"이라 한다)을 위하여 필요한 유효성·안전성 등의 시험으로 인하여 장기간이 소요되는 대통령령으로 정하는 발명인 경우에는 제88조제1항에도 불구하고 그 실시할 수 없었던 기간에 대하여 5년의 기간까지 그 특허권의 존속기간을 한 차례만 연장할 수 있다.
② 제1항을 적용할 때 허가 등을 받은 자에게 책임 있는 사유로 소요된 기간은 제1항의 "실시할 수 없었던 기간"에 포함되지 아니한다.

: 법인세법

「법인세법」 시행령 제28조 1항 (내용연수와 상각률)

① 감가상각자산의 내용연수와 당해 내용연수에 따른 상각률은 다음 각 호의 규정에 의한다.
1. 기획재정부령이 정하는 시험연구용자산과 제24조제1항 제2호 가목 내지 라목의 규정에 의한 무형고정자산 기획재정부령이 정하는 내용연수와 그에 따른 기획 재정부령이 정하는 상각방법별 상각률(이하 "상각률"이라 한다)

「법인세법」 시행규칙 제15조 (내용연수와 상각률)

① 영 제28조제1항제1호에서 "기획재정부령으로 정하는 시험연구용자산"

이란 별표 2에 규정된 자산을 말한다.
② 영 제28조제1항제1호에서 “기획재정부령으로 정하는 내용연수”란 별표 2 및 별표 3에 규정된 내용연수를 말하고, 같은 호에서 “기획재정부령으로 정하는 상각방법별 상각률”이란 별표4에 규정된 상각률을 말한다.
③ 영 제28조제1항제2호에서 “기획재정부령으로 정하는 내용연수범위”란 별표 5 및 별표 6에 규정된 내용연수범위를 말한다.

「법인세법」 시행규칙 별표 3 (무형자산의 내용연수표)

구분	내용연수	무형자산
1	5년	영업권, 디자인권, 실용신안권, 상표권
2	7년	특허권
3	10년	어업권, 「해저광물자원 개발법」에 따른 채취권(생산량비례법 선택 적용), 유료도로관리권, 수리권, 전기가스공급시설이용권, 공업용수도시설이용권, 수도시설이용권, 열공급시설이용권
4	20년	광업권(생산량비례법 선택 적용), 전신전화전용시설이용권. 전용측선이용권, 하수종말처리장시설관리권, 수도시설관리권
5	50년	댐사용권

특허권 가치평가 방법

: 기업 가치

$$V = V_1 + V_2 + V_3 + V_4$$

V = 기업가치　V_1 = 유동자산가치　V_2 = 유형자산가치

V_3 = 무형자산가치　V_4 = 영업권가치

: 기업 사업이익

$$V_{DE} = V_{1DE} + V_{2DE} + V_{3DE} + V_{4DE}$$

V_{DE} = 기업 사업이익 V_{1DE} = 유동자산 기여이익 V_{2DE} = 유형자산 기여이익
V_{3DE} = 무형자산 기여이익 V_{4DE} = 영업권 기여이익

: 무형자산 기여이익

V_{3DE} = 상표권 기여이익 + 특허권 기여이익 + 인적자산 기여이익

: 특허권 기여이익

특허권 기여이익 = 기업사업이익 − α(유형자산)
− β(유동자산)
− δ(특허권 제외 무형자산)
− γ(영업권)

α, β, δ, γ : 회귀계수(각 자산의 자본비용)

: 특허권 가치

$$\text{특허권 가치} = \sum_{t=0}^{n} \frac{\text{특허권 기여이익}}{(1+i)^t}$$

n = 특허권 내용연수 i = 할인율 t = 특허권 기여이익 현금 수입년도

특허권 가치평가 절차

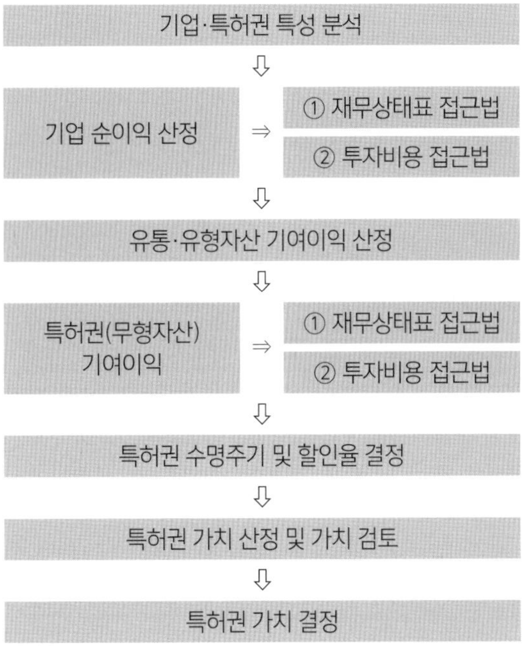

기업·특허권 특성 분석
기업 순이익 산정
① 재무상태표 접근법
② 투자비용 접근법
유통·유형자산 기여이익 산정
특허권(무형자산) 기여이익
① 재무상태표 접근법
② 투자비용 접근법
특허권 수명주기 및 할인율 결정
특허권 가치 산정 및 가치 검토
특허권 가치 결정

특허권 가치평가 사례1

평가 목적

본건은 특허권 가치에 대한 ## 목적의 감정평가임.

가치 대상 개요

특허권 현황

기호	발명특허의 명칭	특허번호	출원연월일	만료일	상태
1	휴대용 원격 ### 방법	제000호	2017-***	2037-***	만료 전
2	휴대용 *** 자동실행 방법	제111호	2017-***	2037-***	만료 전
3	휴대용 *** 전원제어 방법	제222호	2016-***	2036-***	만료 전
4	휴대용 ## 페어링 방법	제333호	2016-***	2036-***	만료 전

평가 전제 조건

가치산정 대상인 특허권 기호 1~4는 서로 결합·보조하여 기업매출에 공헌하는 것으로 조사시점 현재의 수집된 자료만으로는 개별 구분하여 개별가치 산정이 곤란한바 일괄 가치로 산정하였음.

기준 시점

기 제시일인 2018. 01. 13. 임.

재무제표분석법에 의한 기업순이익 산정

당해 기업 재무상태표 분석*

* 3개년 재무상태표, 손익계산서 작성은 본서에서는 생략함.

① 3개년 매출액

년도	2015년	2016년	2017년	3개년 평균매출액*
매출액	36,244,864	38,909,091	10,300,000	28,485,000

* 천 원 미만 반올림함(이하 동일 적용).

② 3개년 제조원가

년도	2015년	2016년	2017년	3개년 평균매출액
제조원가	32,542,376	28,842,065	7,824,653	23,070,000

③ 3개년 재료비

년도	2015년	2016년	2017년	3개년 평균매출액
재료비	2,798,091	6,200,000	2,186,164	3,728,000

유사 업종의 매출액 순이익 · 재료비 대 매출액 비율 분석

① 유사 산업의 기업경영분석 자료

	2013년	2014년	2015년	2016년	2017년	5개년 평균
총자산 순이익률(%)	3.99	5.19	5.65	5.65	4.06	4.91
매출액 순이익률(%)	4.17	5.06	5.43	5.81	3.82	4.86
매출원가 대 매출액비율(%)	46.32	46.19	44.47	44.23	42.73	44.79
재료비 대 매출액(%)	5.06	5.50	4.74	4.55	5.65	5.10

한국은행 경제통계시스템, J582 소프트웨어 개발 및 공급업

② 기업의 매출액에 의한 매출 순이익 산정

당해 기업 매출액(원)	×	유사 산업 매출순이익률	≒	순이익(원)*
28,485,000	×	0.0486	≒	**1,384,000**

* 천 원 미만 반올림(이하 동일).

③ 유사 업종 비교방식에 의한 추정매출액방식 매출 순이익 산정

(1) 재료비 대비 매출액에 의한 추정매출액 산정

당해 기업 재료비(원)	×	동종 산업 매출액 비율	≒	추정매출액(원)
3,728,000	×	0.0510	≒	**73,098,000**

(2) 추정매출액 기준 매출액 순이익 산정

추정매출액(원)	×	동종 산업 순이익률	≒	순이익(원)*
73,098,000	×	0.0486	≒	**3,553,000**

기업 순이익 결정

위의 ②와 ③을 비교하여 볼 때, 당해 기업의 제무상태표 등 자료는 특허권 개발 초기시점으로 정상영업에 다소 어려움이 있었을 것으로 판단되며, 당해 기업과 대상 특허권 특성상 향후 재료비와 매출액 비율은 상관관계가 클 것으로 판단되는바, 이에 대한 비율분석은 유의미한 것으로 보임. 따라서 ③ 방법에 의해 산정한 매출 순이익이 적정하다고 판단, 이를 기업 순이익으로 결정함.

기업 순이익	3,553,000원

투자비용 접근법에 의한 기업순이익 산정

특허권 개발을 위해 당해 기업이 투자한 순투자액(기업부담분)을 기초

로 하여 유사 업종의 연구개발비 대비 매출액비율, 매출액순이익률 등을 분석하여 대상 기업의 연구개발비 대비 향후(수명주기 동안) 적정 매출액을 산정하여 유사 업종 매출액 순이익률을 승하여 기업순이익을 구한다.

산정식

기업 순이익 = (추정)매출액 × 매출액 순이익률

* 추정매출액 : 대상기업과 유사산업 R&D 대 매출액 비율을 분석하여 산정함.

연평균 연구개발비 산정

① 대상 기업 연구개발비 투자금액

단위: 원

프로그램명	총 개발기간	기업부담금(원)
지역산업신기술보육사업	2014. 05. 01. ~ 2014. 12. 31.	50,000,000
IT우수	2015. 06. 01. ~ 2015. 05. 31.	28,000,000
기술혁신	2016. 08. 01. ~ 2016. 07. 31.	28,000,000
IT·SW Star 기업육성사업	2017. 03. 01. ~ 2017. 11. 30.	12,400,000
합계		118,400,000

② 기업부담투자 연구개발비 총액

기업투자 연구개발비	118,400,000원

③ 1년 평균투자 연구개발비 산정

기업부담비 연구개발비	÷	연금현가계수*	≒	추정년 연구개발비
118,400,000	÷	6.1446	≒	**19,269,000**

* 10년간 현재 투자금액을 매년 동일액으로 투자(연구개발비)했을 경우 연금현재가치계수

유사 산업의 기업경영분석 자료

	2013년	2014년	2015년	2016년	2017년	평균
매출액순이익률(%)	4.17	5.06	5.43	5.81	3.82	4.86
연구개발비대매출액비율(%)	3.97	4.05	4.02	4.02	4.40	4.09

한국은행 경제통계시스템,J582 소프트웨어 개발 및 공급업

매출액 및 매출액순이익 추정

① 매출액

1년 평균투자 연구개발비(원)	÷	연구개발비율*	≒	매출액(원)
19,269,000	÷	0.0409	≒	**471,125,000**

* 유사 산업 연구개발비 대 매출액 비율: 4.09%

② 매출 순이익

매출액(원)	×	매출순이익율*	≒	매출순이익(원)
471,125,000	×	0.0486	≒	**22,897,000**

* 유사 산업 매출액 순이익률: 4.86%

(3) 기업 순이익 결정

기업 순이익	22,897,000원

유동·유형자산 기여이익 산정

산정식

유동·유형자산 × 기여이익률

유동·유형자산 결정

① 유동자산 산정

년도	2015년	2016년	2017년	3개년 평균금액(원)
유동자산	188,435,811	11,732,508	191,966,826	130,712,000

② 유형자산 산정

년도	2015년	2016년	2017년	3개년 평균금액(원)
유형자산	6,225,773	3,417,950	1,876,456	3,840,000

유동·유형자산 기여이익률 결정

① 유사 산업의 기업경영분석 자료

	2013년	2014년	2015년	2016년	2017년	5개년 평균
총 자산 순이익률(%)	3.99	5.19	5.65	5.65	4.06	4.91

② 기여이익률 결정

본건 유동·유형자산의 기여이익률은 한국은행이 조사·발표한 총자산 순이익률을 적용하여 다음과 같이 결정함.

기여이익률	4.91%

유동·유형자산 기여이익 산정

① 유동자산 기여이익

유동자산	×	기여이익률	≒	유동자산 기여이익*
130,712,000	×	0.0491	≒	**6,418,000**

* 기여이익 천 원 미만 반올림함(이하 동일 적용).

② 유형자산 기여이익

유형자산(원)	×	기여이익률	≒	유형자산 기여이익(원)
3,840,000	×	0.0491	≒	**189,000**

③ 유동·유형자산 기여이익 합계

유동자산 기여이익	+	유형자산 기여이익	≒	유동·유형자산 기여이익
6,418,000	+	189,000	≒	**6,607,000**

특허권 기여이익 산정

산정식

기업순이익 − 유동·유형자산 기여이익 − 기타무형자산 기여이익*

* 본건 대상 기업의 기타 무형자산은 없음.

기업 순이익

분석법	기업순이익(원)
재무제표분석 접근법	3,553,000
투자비용 접근법	22,897,000

유동·유형자산 기여이익

종류	기여이익(원)
유동 · 유형자산	6,607,000

특허권 기여이익

① 재무상태표 접근법에 의한 특허권 기여이익

기업순이익	-	유동·유형자산 기여이익	≒	특허권 기여이익*
3,553,000	-	6,607,000	≒	0

* 특허권 기여이익은 陰數(-3,054,000원)로서 0으로 산정함.

② 투자비용 접근법에 의한 특허권 기여이익

기업순이익	-	유동·유형자산 기여이익	≒	특허권 기여이익
22,897,000	-	6,607,000	≒	**16,290,000**

특허권 수명주기(내용연수)

특허권의 존속기간(「특허법」 제88조)

특허권은 설정등록에 의하여 발생하는데 설정등록한 날로부터 특허출원일 후 20년이 되는 날까지이며, 특허발명을 실시하기 위하여 다른 법령에 따라 허가를 받거나 등록 등을 하기 위하여 필요한 유효성, 안정성 등의 시험으로 인하여 장기간 소요되는 발명인 경우에는 그 실시할 수 없었던 기간에 대하여 5년까지 특허권의 존속기간을 한 차례만 연장할 수 있다.

「상속세 및 증여세법」 시행규칙 제19조 제3항

평가기준일부터의 최종 경과연수는 당해 권리의 존속기간에서 평가기준일 전일까지 경과된 연수를 차감하여 계산한다. 이 경우 평가기준일부터의 최종 경과연수가 20년을 초과하는 때에는 20년으로 한다.

수명주기 참고자료

IPC	설명	중앙값
H03L	전자적 진동 또는 펄스발생기의 자동제어, 기동, 동기 또는 안정화(발전기의 것은 H02P)	5
H03M	복호화 또는 부호변환 일반(유체적 방법을 사용하는 것) F15C 4/00:광학적 아날로그/디지털 변환기 G02F 7/00;특수한 용도에 적합한 부호….	5
H04B	전송[4,2013.01.]	6
H04J	다중통신(디지털정보 전송에 대한 특유한 것) H04L 5/00;하나 이상의 텔레비젼신호를 동시 또는 순차로 전송하기 위한 시스템 H04N 7/08;교환…)	6
H04K	비밀통신; 통신방해	6
H04L	디지털 정보의 전송, 예.전신통신(전신(telegraphic) 및 전화통신의 공통장치 H04M)[4,2013.01.]	6
H04M	전화통신(전화교환장치를 제외하고, 전화선로를 통해서 다른 장치를 제어하는 회로 G08)	7
H04N	화상통신. 예. 텔레비전[4]	7
H04Q	선택(스위치, 계전기, 셀렉터 H01H; 무선통신망 H04W) [1,2009.01]	5
H04R	확성기, 마이크로폰, 축음기 픽업(pick up) 또는 유사한 음향전기기계변환기;보청기;방성장치(public Address system)(일반적인 기계적 진동을…	9

출처: 한국과학기술정보연구원

수명주기(내용연수) 결정

본 특허권 가치산정에 있어 존속기간 등의 결정은 대상 기업의 지속성, 경쟁기업의 출현, 동종 산업의 성장성 등 많은 대내·외 경제적 변수에 따라 변동 가능하나 관련 법률, 수명주기 참고자료 및 대상 특허권의 현황(만료기간) 등을 고려해 10년을 기준함.

수명주기(내용연수)	10년

특허권 할인율 결정

「상속세 및 증여세법」시행규칙 제19조 제1항의 10/100을 기준 10%로 결정한다.

할인율	10%

특허권 가치 산정

$$\text{특허권 가치} = \sum_{t=0}^{n} \frac{\text{특허권 기여이익}}{(1+i)^t}$$

n = 특허권 내용연수(평가기준일로부터의 경과년수)

i = 할인율　t = 현금 수입년도

특허권 가치 산정 방법

① 재무상태표 접근법

특허권 기여이익(원)	×	연금현가계수*	≒	특허권 가치(원)
0	×	6.1446	≒	0

* (n:10년, i: 10%): 연금현재가치계수

② 투자비용 접근법

특허권 기여이익(원)	×	연금현가계수*	≒	특허권 가치(원)
16,290,000	×	6.1446	≒	100,096,000

특허권 가치 결정

특허권 가치는 아래 두 가지 조건하에 산정한 금액으로 결정함.

영업 정지 상태　**0원**

정상 영업 상태　**100,096,000원**

특허권 가치평가 사례2

가치산정 대상

특허권자 ㈜***의 특허권 가치

구분	1	2
특허번호	제 10-1***호	제 10-2**호
발명의 명칭	탈취시설	약품 기화 분사장치
특허권자	㈜***	㈜***
출원번호	10-1***-***	10-2***-***
출원연월일	2015. 01. 01.	2018. 01. 01.
공고연월일	2016. 03. 30.	2019. 03. 30.
청구범위의 항수	5	2
분류기호	A6** 9/04	B0** 9/04
존속기간 (예정)만료일	2035. 03. 31.	2038. 09. 21.

가치산정 기준 시점

2018. 02. 10.

특허권 가치산정 방법

본건의 특허권은 순이익환원방법으로 하며, 구체적 가치평가 과정은 다음의 절차와 같다.

기업 가치

$$V = V_1 + V_2 + V_3 + V_4$$

V = 기업가치　V_1 = 유동자산가치　V_2 = 유형자산가치

V_3 = 무형자산가치　V_4 = 영업권가치

기업 사업이익

$$V_{DE} = V_{1DE} + V_{2DE} + V_{3DE} + V_{4DE}$$

V_{DE} = 기업 사업이익 V_{1DE} = 유동자산 기여이익 V_{2DE} = 유형자산 기여이익
V_{3DE} = 무형자산 기여이익 V_{4DE} = 영업권 기여이익

무형자산 기여이익

$$V_{3DE} = \text{특허권 기여이익} + \text{상표권 기여이익} + \text{인적자산 기여이익}$$

특허권 기여이익

특허권 기여이익 = 기업정상이익 − α(유형자산)
− β(유동자산)
− δ(특허권 제외 무형자산)
− θ(영업권)

α, β, δ, θ : 회귀계수(각 자산의 자본비용)

특허권 가치산정식

$$\text{특허권 가치} = \sum_{t=0}^{n} \frac{\text{특허권 기여이익}}{(1+i)^t}$$

n = 특허권 내용연수 i = 할인율 t = 현금흐름의 추정년도

특허권 가치 산정

가치평가 절차도

대상 기업·특허권 특성 분석

⇩

기업 사업이익 산정

⇩

유동·비유동자산 가치·기여이익 산정

⇩

영업권 및 기타 무형자산 기여이익 산정

⇩

특허권 기여이익 산정

⇩

특허권 내용연수·할인율 결정

⇩

특허권 가치 산정

⇩

특허권 가치 결정

대상 사업체 개황

① 사업 개요

상호	(주)***	대표자	김철수
소재지	##시 **구 111번지		
업종명	제조업	주요 제품	친환경 악취제어제
연혁	2014. 02. 12. 설립		
악취제어 system	- Injetion System - Mist Nozzle Spray System - Odor Control Air System - Dust-Cart System		

② 사업체의 성격

본 특허권은 대상 사업체인 ㈜***이 자체개발에 성공한 악취제어 system 제품을 통해 수익을 창출하는 사업모델로 악취가 나는 사업장, 악취유발 운송시설, 쓰레기 집합장, 위생매립지 등 친환경 분야임.

사업이익 산정

기업의 매출 등 재무제표를 분석하여 기업의 평균매출액 및 매출원가, 영업비용(판매비와 관리비) 등 평균 총영업비용을 구하여 당해 기업 사업이익을 구한다.

① 산정식

사업이익 = 매출 – 총영업비용(매출원가+판매비와 관리비)

② 당해 기업 재무제표 분석*

(1) 매출액

구분	2015년	2016년	2017년	3개년 평균액(원)*
매출액	490,189,205	842,582,729	1,373,959,610	902,244,000

* 천 원 미만 반올림함(이하 동일 적용).

(2) 매출원가

구분	2015년	2016년	2017년	3개년 평균액(원)
매출원가	318,300,462	543,036,292	1,064,600,008	641,979,000
매출원가 대 매출액 비율(%)	64.93	64.45	77.48	71.15

* 3개년 재무상태표, 손익계산서 작성은 본서에서는 생략함.

(3) 판매비와 관리비

구분	2015년	2016년	2017년	3개년 평균액(원)
판매비와 관리비	73,483,048	171,951,035	146,619,183	130,684,000
판매비와 관리비 대 매출액(%)	14.99	20.41	10.67	14.48

(4) 매출영업이익

구분	2015년	2016년	2017년	3개년 평균액(원)
매출영업이익	98,405,695	127,595,402	162,740,419	129,581,000
매출영업이익 대 매출액비율(%)	20.88	15.14	11.84	14.36

(5) 사업이익 결정

매출액	-	매출원가	-	판매비와 관리비	=	사업이익
902,244,000	-	641,979,000	-	130,684,000	=	**129,581,000**

유동·유형자산 기여이익 산정

① 유동·유형자산 가치

(1) 유동자산 평균액 산정

	2015년	2016년	2017년	3개년 평균액*
유동자산	340,755,196	418,459,021	679,154,227	479,456,000

* 천 원 미만 반올림함(이하 동일 적용).

(2) 유형자산 평균액 산정

	2015년	2016년	2017년	3개년 평균액*
유형자산	16,724,488	9,497,447	5,529,800	10,584,000

(3) 유동·유형자산 합계액

유동자산	+	유형자산	=	합계액(원)
479,456,000	+	10,584,000	=	**490,040,000**

② 유동·유형자산 기여이익률 결정

(1) 자산수익률 관련 자료

	2015년	2016년	2017년	3개년 평균(%)
총자산수익률	6.39	4.98	5.52	5.63

출처: 한국은행 경제통계시스템, C제조업, 기타화학제품

(2) 기여이익률 결정

유동·유형자산의 기여이익률은 한국은행이 조사·발표한 제조업 중 기타 화학제품의 3개년 평균 총자산수익률을 적용하여 다음과 같이 결정함.

기여이익률	5.63%

(3) 유동·유형자산 기여이익 산정

유동·유형자산 기여이익	×	기여이익률	=	산정액(원)
490,040,000	×	0.0563	=	**27,589,000**

영업권 등 기여이익 산정

① 산정 방법

• 특허권을 제외한 무형자산(상표권, 인적자산)과 영업권의 기여이익을 일괄해서 산정한다.

• 초과이익법에 의한 특허권을 제외한 영업권 등의 총 기여이익을 산정한다(특허권 제외 무형자산과 영업권을 영업권 등으로 표현함).

② 영업권 등 기여이익 산정

대상기업 사업 초과이익
= 대상기업 매출액×(대상기업 매출영업이익률−동·유사업종 매출 영업이익률)

(1) 대상기업 매출액

최근년도 기준으로 2017년, 2016년, 2015년 3개년 평균액을 기준함.

구분	2015년	2016년	2017년	3개년 평균액(원)
매출액	490,189,205	842,582,729	1,373,959,610	902,244,000

(2) 대상 기업 매출영업이익률

구분	2015년	2016년	2017년	3개년 평균액(원)
매출영업이익	98,405,695	127,595,402	162,740,419	129,581,000
매출영업이익 대 매출액비율(%)	20.88	15.14	11.84	14.36

(3) 동·유사 업종 매출 영업이익률

	2015년	2016년	2017년	3개년 평균
매출 영업이익률(%)	9.80	9.25	8.40	9.15

한국은행 경제통계시스템, C제조업, 기타화학제품

(4) 매출 영업이익률 비교

	당해 사업 매출 영업이익률	동·유사 업종 매출 영업이익률	매출 영업이익률 차이
매출 영업이익률(%)	14.36	9.15	5.21

(5) 당해 사업 초과이익 산정

매출액	×	매출 영업이익률 차이	=	초과이익(원)
902,244,000	×	0.0521	=	**47,006,912**

(6) 초과이익 방식에 의한 영업권 등 기여이익

영업권 등 기여이익	47,007,000원

특허권 기여이익 결정

① 특허권 기여이익 산정

사업이익	-	유동·유형자산 기여이익	-	영업권 등 기여이익	=	특허권 기여이익
129,581,000	-	27,589,000	-	47,007,000	=	**54,985,000**

② 특허권 기여이익

특허권 기여이익	54,985,000원

특허권 수명주기 결정

① 특허권 존속기간(「특허법」 제88조)

특허권은 설정등록에 의해 발생하는데 특허권의 존속기간은 설정등록한 날로부터 특허출원일 후 20년이 되는 날까지이며, 특허발명을 실시하기 위하여 다른 법령에 따라 허가를 받거나 등록 등을 하기 위하여 필요한 유효성·안정성 등 시험으로 인하여 장기간 소요되는 발명인 경우에는 그 실시할 수 없었던 기간에 대하여 5년의 기간까지 특허권의 존속기간을 한 차례 연장할 수 있다.

② 「상속세 및 증여세법」 시행규칙 제19조 제3항

평가기준일부터의 최종 경과연수는 당해 권리의 존속기간에서 평가기준일 전일까지 경과된 연수를 차감하여 계산한다. 이 경우 평가기준일부터의 최종 경과연수가 20년을 초과하는 때에는 20년으로 한다.

③ 수명주기(내용연수) 결정

본 특허권 가치산정에 있어 존속기간 등의 결정은 대상 기업의 지속성, 경쟁기업의 출현, 동종 산업의 성장성 등 많은 대내·외 경제적 변수에 따라 변동 가능하나, 법인세상의 무형 고정자산의 내용연수(특허권: 10년) 및 대상 특허권의 존속기간(만료기간) 등을 고려하여 10년을 기준함.

수명주기(내용연수)	10년

특허권 할인율 결정

「상속세 및 증여세법」시행규칙 제19조 제1항의 10/100을 기준으로 해 10%로 결정함.

할인율	10.00%

특허권 가치 결정

$$\text{특허권 가치} = \sum_{t=0}^{n} \frac{\text{특허권 기여이익}}{(1+i)^t}$$

n = 특허권 내용연수(평가기준일로부터의 경과년수)

i = 할인율 t = 현금흐름의 추정년도

특허권 가치 산정

54.985,000 × *6.1446 = 337,860,831

* (n:10년, i: 10%): 연금현재가치계수

특허권 가치 결정

상기에 의해 산정된 금액을 기준으로 다음과 같이 특허권 가치금액을 결정함.

특허권 가치	337,800,000원

3
소프트웨어 가치평가

소프트웨어와 무형자산

: 무형자산의 유형*

분류	종류
기술 관련 무형자산	공정특허, 특허적용기술, 기술적 증서, 실험노트, 기술적 노하우 등
시장 관련 무형자산	상표권, 상표, 브랜드명, 로고 등
예술 관련 무형자산	문학작품과 저작권, 음악작곡, 지도, 조각 등
자료처리 관련 무형자산	소프트웨어, 소프트웨어 저작권, 데이터베이스 등
엔지니어링 관련 무형자산	산업디자인, 제품특허, 설계도, 청사진, 독점증서 등
고객 관련 무형자산	고객명단, 고객계약, 고객유대, 주문잔고 등
계약 관련 무형자산	우선공급계약, 양허계약, 영업계약, 독점판매증서, 비경쟁계약 등
인력자본 관련 무형자산	능숙하고 결집된 근로자, 근로계약, 노조계약 등
위치 관련 무형자산	차지권, 광물개발권, 지역권, 수면권, 공중권 등
영업권 관련 무형자산	법인 영업권, 전문능력, 명성, 계속기업가치 등

* 미국 재무회계기준(FASB)

: 일반 기업회계 기준상의 소프트웨어

일부 무형자산은 디스크, 법적 서류 또는 필름과 같은 물리적 형체에 담겨 있을 수 있다. 무형자산이 담겨 있는 물리적 형체와 관계없이 유형자산과 무형자산의 요소를 동시에 갖춘 자산의 경우에는 어떤 요소가 더 중요한가를 판단하여 더 중요한 요소에 따라 자산을 분류한다. 예를 들면, 고가의 수치제어 공작기계가 그 기계를 제어하는 소프트웨어가 없으면 가동이 불가능한 경우에는 그 소프트웨어를 공작기계의 일부로 보아 기계와 소프트웨어 모두를 유형자산으로 분류한다. 그러나 관련 유형자산의 일부로 볼 수 없는 소프트웨어는 무형자산으로 분류한다.

소프트웨어 가치평가 방법

: 비용접근법의 종류

① 역사적 원가법

평가대상 기술을 개발하는데 투입되었던 과거의 제반비용을 합산하여 가치를 평가하는 방법

② 재생산 비용법

같은 원재료, 생산방법, 디자인 등을 사용해 현시점에 다시 개발한다고 가정했을 때의 비용을 가치로 인정하는 방법

③ 감가상각된 대체비용법

평가 대상 기술과 다른 원재료, 형태 또는 외양을 가지지만 동등한 기능과 활용도를 가지는 자산을 재창출하는 데 소요되는 비용에 기술

의 물리적, 기능적 퇴화 등의 진부화로 인한 가치 감소를 반영하여 산출하는 방법

④ 조정재생산 비용접근법

역사적 원가법, 재생산 비용법, 감가상각된 대체비용법의 취지를 결합한 조정재생산 비용접근법

가치평가 절차

유형·무형자산의 재생산비용(A) 추정 및 조정

⇩

유형·무형자산의 개발보상비용(B) 추정

⇩

재생산비용(A) + 기회비용(B)

⇩

진부화율 추정

⇩

가치감소액 = (A+B) × 진부화율

⇩

유형·무형자산 = (A+B) − (A+B) × 진부화율

소프트웨어 가치평가 사례

가치평가 목적

소프트웨어 등 처분에 따른 가치산정

기준 시점

2018년 7월 현재 기준

평가 대상 구성요소

평가 대상은 유형(하드웨어)·무형(소프트웨어)이 유기적으로 하나의 시스템으로 운영되나, 형체의 유·무에 따라 다음과 같이 나누어진다.

유형자산　하드웨어, 컴퓨터 서버 등

무형자산　도메인, 소프트웨어 등

산정 방법

가치 산정은 평가대상 기술의 개발에 투입된 비용을 기반으로 개발보상 비용을 가산 후 진부화로 인한 가치감소분을 감액하여 산출함.

기술가치 = 재생산비용 + 개발보상비용 – 진부화로 인한 가치감소분

기술가치 산정

재생산 비용

① *** 총 개발비용 내역

구축 시기		세부 내역	금액(단위: 원)	비고
1차	2005. 05.	개발비	120,473,000	
		서버 등 장비 구입	69,527,000	웹서버 3식 등

2차	2010. 06.	추가 개발비	49,800,000	대량 메일 발송 솔루션
		메일링 소프트웨어	9,000,000	
		서버 증설 구축	19,500,000	
합계		268,300,000		

② 유형자산 구입비용

연도	유형	금액(원)
2005. 05.	서버 등 장비 구입	69,527,000
2010. 06.	서버 증설 구축	19,500,000
합계		89,027,000

③ 무형자산 개발비용

연도	금액(원)	비고
2005. 05.	120,473,000	개발비(**넷)
2010. 06.	58,800,000	개발비(메일링 소프트웨어)
합계	179,273,000	

(1) 무형자산, 유형자산 개발비용 사용 케이스 내역 분석

구분	내역	금액(원)	비율(%)	비고
**넷 사이트 개발비	·개발구축비 ·솔루션 도입비 ·컨텐츠 구축비	60,000,000	54.5	개발비
장비구입	서버 1식	20,000,000	18.2	유형자산
부대비	사이트 운영비	20,000,000	18.2	도메인 운영 관련 비용
	잡비	10,000,000	9.1	잡비
합계	110,000,000		100	

(2) 무형자산 개발비용 비율

무형자산	부대비 배분	배분 후 비율(%)	백분율(%)
소프트웨어(개발비)	$9.1 \times \frac{54.5}{72.7} = 6.82$	54.5 + 6.82 = 61.32	75
도메인	$9.1 \times \frac{18.2}{72.7} = 2.28$	18.2 + 2.28 = 20.48	25
합계		81.8	100

개발보상 비용

① 산정 방법

과거에 수행된 개발 활동의 기회비용 의미로서, 개발 비용에 개발보상 비용을 가산해줌. 개발 보상비용은 개발 주체가 개발 비용을 대상 연구 개발에 투자하고 여타 기회에 투자하지 못함으로써 상실하는 이익의 크기를 의미함.

개발 보상비용(개발자 기회비용) = 재생산비용 × (물가·임금상승률, 자본수익률)*

* 업종·상황에 맞는 적절한 지수를 채택·적용함.

② 유형자산 개발비용 산정

(1) 산정식

개발 보상비용 = 재생산비용 × 생산자(자산품목별) 물가

(2) IT 물가 상승률 지수

$$\frac{2018.\ 06.}{2010.\ 06.} = \frac{84.68}{100.75} = 0.8405(\text{약 } 15.95\% \text{ 하락})$$

출처: 한국과학기술정보연구원

(3) 산정 비용

IT 관련 물품의 한국은행 발표 물가상승률은 2010. 06. 이후 기준 시점 현재 하락(15.95%)하였으므로 유형자산의 개발 보상비용은 없음.

③ 무형자산 개발 보상비용 산정

(1) 산정식

개발 보상비용 = 재생산비용 × 임금인상률

(2) 임금인상률

$$\frac{2017}{2011} = \frac{4,122,319}{3,603,526} = 1.1440(\text{약 } 14.4\% \text{ 상승})$$

고용노동부 임금 통계: 출판·영상 및 정보서비스업 전체 임금

(3) 산정

무형자산 재생산비용(원)	임금인상률(%)	산정금액(원)	결정금액(원)
179,273,000	0.144	25,815,312	**25,815,000**

진부화 등에 따른 가치감소분

진부화율

신기술 및 신제품이 지속적으로 개발됨에 따라 모든 자산 또는 기술은 그 가치가 감소하고 진부화되는 특성이 있으며, 감가상각된 대체비용법에서 감가상각의 정도를 표현하는 개념

① 물리적 진부화

자산의 사용 및 노후화로 인해 발생하는 진부화로, 주로 건물·설비·차

량·기계 등 유형자산의 경우 시간의 경과에 따라 발생하는 경우가 많으나, 무형자산의 경우 물리적 진부화는 고려할 필요가 없음.

② 기능적 진부화

기술의 발전으로 인해 발생하는 진부화로 평가 대상 기술이 원래의 기능을 충분히 발휘하지 못하게 되어 발생하는 진부화를 의미함.

③ 경제적 진부화

기술이 그 기능은 수행하고 있으나 외부적인 요인으로 인해 수익성이 떨어지는 경우 발생하는 진부화로, 경제적 진부화에 영향을 미치는 요소들로는 하강산업·인력난·관련 법규 및 규제·재료 등 투입비용 상승에도 제품가격 상승 불가·수요 감소·경쟁 증가 등을 들 수 있음.

산정방식

• 진부화는 기술의 경제적 수명기간을 기준으로 개발완료 시점부터 평가시점까지의 기간에 대해 정액법 또는 정률법을 활용함.

• 자산의 내용연수는 기술의 경제적 수명 기간과 개발완료 시점부터 평가시점까지의 기간을 더하여 구함.

• 진부화 기간은 기술의 가치가 완전히 소멸되는 내용연수와 동일한 개념이므로 미래 경제적 효익 발생하는 기술의 수명보다 더 길어야 함을 전제로 하고 있음.

• 따라서, 진부화 기간은 평가대상 기술의 개발이 완료된 시점부터 평가시점까지 경과기간과 평가시점에서 평가자가 추정한 기술의 경제적 수명기간을 더하여 이를 근거로 진부화율로 활용함.

진부화 등에 따른 가치감소분 = (재생산비용 + 보상비용) × 가치감소율

가치감소율 = 정액법·정률법에 의해 산정한 진부화율

자산 내용연수 = 기술의 경제적 수명 + (개발완료시점부터 평가시점까지의 기간)

가치감소율 산정

① 소프트웨어 조달청 내용연수표

「물품관리법」 제16조2 (물품의 내용연수)

① 조달청장은 대통령령으로 정하는 바에 따라 주요 물품의 정수책정기준(定數策定基準)을 정하여 각 중앙관서의 장에게 통보하여야 한다. 다만, 국회·대법원 및 헌법재판소 소관 주요 물품의 정수책정기준은 해당 중앙관서의 장이 따로 정할 수 있다.

〈조달청고시(제2016-40호) 내용연수표〉

일련번호	물품분류번호	품목	내용연수
1066	43211501	컴퓨터서버	6년

② 내용연수 결정

대상 소프트웨어 자산의 내용연수는 기술의 경제적 수명기간과 개발완료 시점부터 평가시점까지의 기간을 더함.

(1) 유형·무형자산의 개발완료부터 평가시점까지의 기간

2005. 05. ~ 2018. 07. = 13년

(2) 잔존 기능적·경제적 수명

평가대상 유형·무형자산은 현재 운영하지 않고 향후 매각처분하기로 한 불용자산인바, 기준시점 현재 잔존 수명을 1년으로 기준함. = 1년

(3) 유형·무형자산의 내용연수

(1)+(2) = 14년

(4) 잔존가치율 산정

- 유형자산 잔존가치율: 정률법 기준(잔가율 10% 기준) 1/14 = 0.118
- 무형자산 잔존가치율: 정액법 기준(1÷자산의 내용연수) 1/14 = 0.0714

가치감소액 산정

① 유형자산 가치감소액

유형자산(원)	가치감소율*(%)	산정금액(원)	결정금액(원)
89,027,000	0.882	78,521,814	**78,522,000**

* 가치감소율 = 1-0.118(잔존가치율)

② 무형자산 가치감소액

무형자산(원)	가치감소율(%)	산정금액(원)	결정금액(원)
205,088,000	0.9286	190,444,716	**190,445,000**

* 무형자산액 = 179,273,000+25,815,000
* 가치감소율 = 1-0.0714(잔존가치율)

유형·무형자산의 가치평가액 결정

유형자산 가치평가

재생산비용	+	개발보상 비용	-	가치감소액	=	유형자산 평가액
89,027,000	+	0	-	78,522,000	=	**10,505,000**

무형자산 가치평가

재생산비용	+	개발보상 비용	-	가치감소액	=	무형자산 평가액
179,273,000	+	25,815,000	-	190,445,000	=	**14,643,000**

총자산 가치평가

유형자산	+	무형자산	=	총 자산
10,506,000	+	14,643,000	=	**25,148,000**

제7장

유형자산과
무형자산의
결합가치 평가 사례

1
영업권 가치평가

영업권 가치평가 방법

: 기여이익 잔여방식에 의한 영업권 평가

영업권에 대한 가치평가는 초과이익 환원법의 연금법 방식을 기준으로, 대상 사업장의 총가치에서 영업권을 제외한 모든자산을 공제한 가치이며, 사업장의 총수익은 개별자산 기여이익의 총합이다.

① 기업가치 결정 요인

(1) 기업가치

$$V = V_1 + V_2 + V_3 + V_4$$

V = 기업가치 V_1 = 유동자산가치 V_2 = 유형자산가치

V_3 = 무형자산가치 V_4 = 영업권가치

(2) 영업권 기여이익

$$\text{영업권 기여이익} = \text{사업총이익} - \alpha(\text{유형자산}) - \beta(\text{유동자산}) - \delta(\text{무형자산가치})$$

α, β, δ : 회귀계수(각 자산의 자본비용)

* 사업총이익은 사업정상이익을 기준함.

(3) 영업권 가치

$$\text{영업권 가치} = \sum_{t=0}^{n} \frac{\text{영업권 기여이익}}{(1+i)^t}$$

n = 영업권 경제년수　i = 할인율　t = 현금흐름의 추정년도

(4) 가치산정 절차

대상 사업체 개황

⇩

대상 사업체 재무제표 분석

⇩

사업이익 분석

⇩

초과이익 산정

⇩

유동·유형·무형자산가치 산정

⇩

유동·유형·무형자산 기여이익 산정

⇩

영업권 기여이익 산정

⇩

영업권 가치 산정

영업권 가치평가 사례1

가치산정 목적

본 영업권 가치평가의 목적은 ㈜#** 산업의 영업권 가치의 경제성을 판단하기 위한 것임.

가치산정 기준시점

2018. 07. 01.

영업권 가치산정

대상 사업체 개황

① 사업체 소재지 및 연혁

(1) 소재지　###시 **구 111번지 소재

(2) 연혁　2013. 05. "***" 설립, 2018. 01. 01. 주식회사 #** 전환

② 사업체 성격

상호	㈜#** 산업		
사업자등록번호	11******	대표자	홍길동
사업의 종류	제조업	종목	옵셋인쇄/경인쇄

③ 사업소재지 입지

본 대상 사업체인 "#**"은 ****에 위치하며, 주위는 단독주택·아파트단지·공장 등이 혼재한 지대로서, 시내버스 정류장 등이 인접하여 소재하며 자가용 등 차량 진출입 등이 원활한 지역으로 제반 입지조건은 양호한 편임.

④ 매출처 및 제품

㈜ABC 용기의 인쇄 및 조립 납품

대상 사업체의 재무제표 분석*

① 재무상태표 요약

단위: 원

과목	2015년	2016년	2017년
유동자산	2,994,898	4,016,309	172,560,841
유형자산	68,103,646	153,720,344	101,488,783
무형자산	0	0	0
자산합계	71,098,544	157,736,653	274,049,624

② 자산별 현황 판단

대상 사업체의 재무상태표 현황을 보면 유동자산이 매년 증가하고 있고, 2017년은 유형자산의 금액 및 비율이 상대적으로 적으며, 무형자산은 없는 상태임.

③ 손익계산서 요약

단위: 원

과목	2015년	2016년	2017년
매출액	991,745,636	1,434,410,461	1,332,171,577
매출원가	762,034,025	924,382,258	970,118,950
판매비와 관리비	150,870,943	85,315,512	145,001,285
법인세차감전순이익	75,111,300	422,721,071	214,160,657

* 본서에서는 영업 외 수익, 영업 외 비용 기재 생략함(법인세차감전순이익 = 매출-매출원가-판매비·관리비+영업 외 수익-영업 외 비용).

* 3개년 재무상태표, 손익계산서 작성은 본서에서는 생략함.

사업이익

사업이익(법인세차감전순이익)은 장래 물가상승률과 경기성장률 및 장래 해당 업종의 리스크 등을 고려하면 실질적 기대이익은 과거의 이익 추세를 따를 것이라는 보수적 관점에서 자료를 신뢰할 수 있는 과거 3개년 재무제표를 기준한다.

① 당해 사업체 사업이익 산정*

	2015년	2016년	2017년	3개년평균액(원)
법인세차감 전 순이익	75,111,300	422,721,071	214,160,657	237,331,000

② 사업이익 결정

상기 3개년 간의 평균 법인세차감 전 순이익을 사업이익으로 결정함.

사업이익	237,331,000원

초과이익 산정

초과이익을 유사 업종의 정상이익을 초과한 당해 사업의 순이익으로 정의할 때, 동종 업종의 매출순이익률 대비 당해 사업 매출이익률과의 차이인 초과이익률에 당해 사업 매출액을 승하여 초과이익을 산정한다.

초과이익 = (당해 사업체 매출순이익률 − 동종 업종 매출순이익률)
× 당해 사업 매출액

* 본서에서의 3개년 평균액 대신 사례에 따라서는 3개년 가중평균액으로 할 수 있음.

① 당해 사업체 매출 순이익률 산정

(1) 당해 사업체 3개년 평균 매출액

	2015년	2016년	2017년	3개년 평균액(원)
매출액	991,745,636	1,434,410,461	1,332,171,577	1,252,776,000

(2) 당해 사업체 사업 순이익

	2015년	2016년	2017년	3개년 평균액(원)
당기 순이익	75,111,300	422,721,071	214,160,657	237,331,000

(3) 당해 사업체 매출 순수익률

사업 순이익	÷	매출액	=	매출순수익률
237,331,000	÷	1,252,776,000	=	**0.1894**

② 동종 업종 매출 순이익률

(1) 중소벤처기업부 중소기업 실태조사 통계자료

인쇄 및 기록매체 복제업, 20~49인

손익계산서	2015년	2016년	2017년*
매출액 순이익률(%)	4.40	6.30	미발표
매출액 순이익률 평균(%)	(4.40+6.30)÷2 = 5.35		

* 2017년 매출액영업이익률은 조사시점 현재 미발표임.

(2) 동종 업종 매출 순이익률 결정

상기 자료 중 세분된 '중소벤처기업부 중소기업 실태조사' 통계자료의 2015년, 2016년 매출액 순이익률의 평균을 매출영업 이익률로 결정함.

매출 순이익률	**5.35%**

(3) 동종 업종 매출영업 이익률 대비 당해 사업장 매출영업 이익률

당해 사업체 매출 순이익률	동종 업종 매출순이익률	초과 순이익률(%)
18.94	5.35	13.59

(4) 초과이익 산정

초과이익률(%)	당해 사업체 매출액	초과이익(원)
13.59	1,252,776,000	170,252,258

(5) 초과이익 결정

초과이익	170,252,000원

유동·유형자산 가치

① 유동·유형자산 3개년 평균액

과목	2015년	2016년	2017년	3개년 평균액
유동자산	2,994,898	4,016,309	172,560,841	59,857,000
유형자산	68,103,646	153,720,344	101,488,783	107,771,000
합계	71,098,544	157,736,653	274,049,624	167,628,000

② 유동·유형자산 가치 결정

유동·유형자산 가치	167,628,000원

무형자산 가치

제무제표 및 제시된 무형자산은 없음.

무형자산 가치	0원

유동·유형자산 기여이익률 결정

① 관련 자료

· 동종 산업 총자산순이익률, 자기자본 수익률 통계자료

중소벤처기업부, 중소기업 실태조사, 인쇄 및 기록매체 복제업

항목	2015년(%)	2016년(%)	2017년(%)
총자산 순이익률	4.72	6.28	미발표
자기자본 순이익률	11.87	16.46	미발표

② 동종 산업 자산순이익률 산정

조사 시점 현재 2017년 총자산순이익률 미발표된바, 2015년, 2016년 2개년 평균치를 기준함.

항목	2015년	2016년	2개년 평균(%)
총자산순이익률	4.72	6.28	5.50
자기자본순이익률	11.87	16.46	14.17

③ 유동·유형자산 기여이익률 결정

본 사업체의 매출순이익률(18.94%)을 고려 시 동종 산업 자기자본순이익률을 유동·유형자산 기여이익률로 결정함이 적정시됨.

유동·유형자산	기여이익률(%)	기여이익(원)
167,628,000	14.17	**23,753,000**

영업권 기여이익 산정

사업이익	-	유동·유형자산 기여이익	-	무형자산 기여이익	=	영업권 기여이익
167,628,000	-	23,753,000	-	0	=	**143,875,000**

영업권 가치 결정

① 영업권 가치평가

3개년 평균 영업권 기여이익을 장래에도 큰 변동 없는 현금 흐름 수준을 가정하여 연금현가계수에 의해 자본화한다.

$$\text{영업권 가치} = \sum_{t=0}^{n} \frac{\text{영업권 기여이익}}{(1+i)^t}$$

n = 영업권 경제년수 i = 할인율 t = 영업권 기여이익 현금수입년도

② 내용년수(현금흐름기간) 산정

「상속세 및 증여세법」 시행령 제59조 및 일반 회계기준상 인정하는 n=5년을 기준함.

③ 할인율 결정

본건의 영업권 평가에 있어 기여이익의 획득 가능기간 동안의 유한복리법 적용에 있어서의 복리연금현가율은 「상속세 및 증여세법」 시행규칙 제19조 제1항의 10/100을 기준으로 하여 10%로 결정함.

연금현가계수 할인율	10.00%

영업권 가치평가액

① 영업권 가치평가액 산정

영업권 기여이익	×	연금현가계수*	=	산정액
143,875,000	×	3.79080	=	**545,401,350**

* 연금현가계수: n = 5년, i = 10% 기준

② 영업권 가치평가액 결정

영업권 가치평가액	545,000,000원

영업권 가치평가 사례2

가치산정 대상

본건은 ##시 **구에 소재한 『@@식품』의 영업권 가치를 산정함.

가치산정 목적

본 가치산정의 목적은 『@@식품』의 ##목적의 영업권 가치의 경제성을 판단하기 위한 것임.

가치산정 기준 시점

2018. 10. 08.

대상 사업체 개황

사업 개요

- 소재지 ###시 *구 111번지
- 사업인증 내역 2015년 전통식품 품질인증서 획득
- 사업체 성격

상호	@@식품		
사업자등록번호	30******	대표자	홍길동
사업의 종류	제조, 도소매, 소매	종목	김, 다시마

- 매출 관련 사항

원료의 수급관계 및 제품의 시장성: ** 등으로부터 재료를 수급하여 제품을 생산하여 농협·도매상·일본·중국·캐나다 등으로 판매하고 있어 원료 수급 및 제품의 시장성은 보통시됨.

재무제표 분석*

재무상태표 요약

과목	2015년(원)	2016년(원)	2017년(원)
유동자산	1,422,179,164	1,751,863,287	1,919,602,220
유형자산	1,860,376,057	2,219,474,202	2,564,537,266
무형자산	0	0	0
자산합계	3,282,555,221	3,971,337,489	4,484,139,486

자산별 현황 판단

· 대상 사업체의 재무상태표 현황을 보면 유동자산 및 유형자산이 매년 변동하고 있으나 크게 변동하지는 않고 매년 증가 추세이며, 무형자산은 없는 상태임.

· 대상 사업체의 자산별 기여이익은 유동자산과 유형자산의 합계액을 기준으로 산정하며, 무형자산은 없는바 당해 사업의 영업권에 포함된 것으로 간주함.

손익계산서 요약

과목	2015년	2016년	2017년
매출액	3,024,295,236	4,908,983,798	5,500,124,824
매출원가	2,595,065,879	4,237,500,072	4,876,439,333
판매비와 관리비	276,632,480	421,136,712	395,390,266
영업이익	152,596,877	250,347,014	228,295,225

사업이익

사업이익은 장래 물가상승률과 경기성장률 및 장래 해당 업종의 리스

* 3개년 재무상태표, 손익계산서는 본서에서는 생략함.

크 등을 고려하여 실질적 기대이익은 과거의 이익추세를 따를 것이라는 보수적 관점에서 비교적 자료를 신뢰할 수 있는 과거 3개년 영업이익을 기준한다.

당해 사업체 사업이익 산정

	2015년	2016년	2017년	3개년 평균액(원)
영업이익	152,596,877	250,347,014	228,295,225	210,413,000

사업이익 결정

상기 3개년간의 평균 영업이익을 사업이익으로 결정함.

사업이익	210,413,000원

유동·유형자산 가치

유동·유형자산 평균액 산정

과목	2015년	2016년	2017년	3개년 평균액(원)
유동자산	1,422,179,164	1,751,863,287	1,919,602,220	1,697,882,000
유형자산	1,860,376,057	2,219,474,202	2,564,537,266	2,214,796,000
합계	-	-	-	3,912,678,000

유동·유형자산 가치 결정

유동·유형자산 가치	3,912,678,000원

무형자산 가치

재무제표 및 제시된 무형자산은 없음.

무형자산 가치	0원

유동·유형자산 기여이익 산정

산정식

(유동자산+유형자산) × 기여이익률*

* 기여이익률은 동·유사 업종 총자산순이익률을 선택 결정함.

당해 사업체 유동·유형자산액

당해 유동·유형자산액	3,912,678,000원

유동·유형자산 기여이익률 결정

· 동·유사 업종 총자산 순이익률 자료

한국은행 경제통계시스템, 기타 식품

과목	2015년	2016년	2017년	2개년 평균
총자산수익률(%)	3.70	4.53	-	4.115

* 2017년은 조사시점 현재 미공시됨.

중소벤처기업부, 중소기업실태조사, 식료품제조업

과목	2015년	2016년	2017년	2개년 평균
총자산수익률(%)	4.26	4.18	-	4.220

* 2017년은 조사시점 현재 미공시됨.

기여이익률 결정

상기 한국은행 공시 2개년 평균 총자산수익률과 중소벤처기업부 공시 식료품 2개년 총자산수익률의 평균은 각각 유사한 총자산수익률을 보이는바, 중소벤처기업부의 식료품 제조업의 2개년 평균치인 4.220%를 대상사업체의 유동·유형자산 기여이익률로 결정함.

기여이익률	4.220%

유동·유형자산 기여이익

유동·유형자산(원)	기여이익률(%)	기여이익(원)
3,912,678,000	4.22	165,115,000

영업권 기여이익 산정

사업이익	-	유동·유형자산 기여이익	-	무형자산 기여이익	=	영업권 기여이익
210,413,000	-	165,115,000	-	0	=	**45,298,000**

영업권 가치 결정

영업권 가치평가 결정 요인

① 영업권 가치평가 산정식

3개년 평균 영업권 기여이익을 장래에도 큰 변동 없는 현금 흐름 수준을 가정하여 연금현가계수에 의해 자본화한다.

$$\text{영업권 가치} = \sum_{t=0}^{n} \frac{\text{영업권 기여이익}}{(1+i)^t}$$

n = 영업권 내용연수 i = 할인율 t = 영업권 기여이익 현금수입년도

② 영업권 내용연수

「상속세 및 증여세법」 시행령 제59조 및 일반 회계 기준, 본건 사업의 특성 등을 종합 고려하여 n=5년을 기준함.

③ 할인율 결정

본건의 영업권 평가에 있어 기여이익의 획득가능기간 동안의 유한복리법 적용에 있어서의 복리연금현가율은 「상속세 및 증여세법」 시행

규칙 제19조 제1항의 10/100을 기준으로 하여 10%로 결정한다.

연금현가계수 할인율	10.00%

영업권 가치평가액 결정

영업권 기여이익	×	연금현가계수*	=	산정액
45,298,000	×	3.79080	=	171,715,658

* 연금현가계수: n=5년, i=10% 기준

상기 산정된 금액을 기준으로 다음과 같이 결정한다.

영업권 가치평가액	171,000,000원

영업권 가치평가 사례3

가치산정 목적

본 영업권 가치평가의 목적은 ##주유소, **LPG충전소의 영업권 가치에 대해 ##목적의 평가 건임.

가치산정 대상

##주유소, **LPG충전소의 2019년 1월 31일 영업권 가치

가치산정 기준시점

2019. 01. 31.

영업권 가치 산정

사업체 현황

상호	##주유소		
사업자등록번호	******	대표자	홍길동
사업장	####	종목	차량용 주유소 운영업

상호	**충전소		
사업자등록번호	#******	대표자	홍길동
사업장	###	종목	LPG

재무상태표 분석*

① 재무상태표 요약

(1) ##주유소

* 3개년 재무상태표, 손익계산서 작성은 본서에서는 생략함.
본 사업장의 재무상태표상 무형자산 금액은 없음.

과목	2017년	2016년	2015년
유동자산	366,240,244	77,922,137	226,816,016
유형자산	197,220,845	155,419,663	558,231,777
무형자산	-	-	-
자산합계	563,461,089	233,341,800	785,047,793

(2) **충전소

과목	2017년	2016년	2015년
유동자산	12,356,700	58,842,907	84,143,977
유형자산	667,151,782	674,164,158	684,717,500
무형자산	-	-	-
자산합계	679,508,482	733,007,065	768,861,477

② 손익계산서 요약

(1) ##주유소

과목	2017년	2016년	2015년
매출액	4,782,794,174	4,406,682,681	4,520,314,602
매출원가	4,161,825,402	4,008,550,269	4,164,907,910
판매비와 관리비	322,615,668	311,307,466	257,491,003
영업이익	298,353,104	86,824,946	97,915,689

(2) **충전소

과목	2017년	2016년	2015년
매출액	902,650,700	821,893,862	950,188,257
매출원가	793,670,298	708,200,681	844,699,593
판매비와 관리비	85,901,948	88,776,961	76,964,428
영업이익	23,078,454	24,916,220	28,524,236

(3) (1)+(2)

과목	2017년	2016년	2015년
매출액	5,685,444,874	5,228,576,543	5,470,502,859
매출원가	4,955,495,700	4,716,750,950	5,009,607,503
판매비와 관리비	408,517,616	400,084,427	334,455,431
영업이익	321,431,558	111,741,166	126,439,925

사업이익 자산별 배분방식에 의한 영업권 기여이익 산정

사업이익 산정

① 대상 업체 총 영업이익(주유소+LPG충전소) 산정

년도	매출액	비용(매출원가 +판매관리비)	영업이익
2015	5,470,502,589	5,344,062,934	126,440,000
2016	5,228,576,543	5,116,835,377	111,741,000
2017	5,685,444,874	5,364,013,316	321,432,000
3개년 평균	5,461,508,002	5,274,970,542	186,538,000

② 사업이익 결정액

주유소와 LPG충전소의 영업이익 합계액의 3개년 평균 영업이익을 평가대상 사업체의 사업이익으로 결정함.

사업이익	186,538,000원

유동 · 비유동자산 가치 산정

① 재무상태표

(1) ##주유소

	2017년	2016년	2015년	3개년평균액
유동자산	366,240,244	77,922,137	226,816,016	223,659,000

(2) **LPG충전소

	2017년	2016년	2015년	3개년평균액
유동자산	12,356,700	58,842,907	84,143,977	51,781,000

② 유동자산 가치

유동자산 가치액은 (1)과 (2)의 2017년, 2016년, 2015년 3개년 평균액의 합계액으로 결정함.

유동자산	297,440,000원

③ 유형자산 가치

유형자산 가치는 토지·건물·기계기구 등의 평가금액으로 결정함.*

유형자산	1,033,762,000원

④ 유동·유형자산 가치 합계액

유동·유형자산	1,309,202,000원

유동 · 유형자산 기여이익 산정

① 기여이익률 결정

유동·유형자산 기여이익률은 영업권가치에 적용할 할인율을 기준하여 10%로 결정함.

기여이익률	10.00%

② 유동·유형자산 기여이익 산정

유동·유형자산(원)	×	기여이익률(%)	=	기여이익(원)
1,309,202,000	×	10.00	=	130,920,000

* 본서에서 평가근거는 생략함.

영업권 기여이익 산정

사업이익	-	유동·유형자산 기여이익	=	영업권 기여이익
186,538,000	-	130,920,000	=	**55,618,000**

초과이익 방식에 의한 영업권 기여이익 산정

산정식

초과이익 = (당해 매출 영업이익률 - 동종 업종 매출 영업이익률)
× 당해사업매출액

초과이익 산정

① 당해 사업장 매출 영업이익률

(1) ##주유소

년도	매출액(원) ①	매출원가+ 판매관리비 ②	영업이익(원) ③=①-②	영업이익률(%) ④=③/①
2015년	4,520,314,602	4,422,398,913	97,916,000	0.0217
2016년	4,406,682,681	4,319,857,735	86,825,000	0.0197
2017년	4,782,794,174	4,484,441,070	298,353,000	0.0624
3개년 평균	4,569,930,486	4,408,899,239	161,031,000	0.0346

(2) **LPG충전소

년도	매출액 ①	매출원가+ 판매관리비 ②	영업이익 ③=①-②	영업이익률 ④=③/①
2015년	950,188,257	921,664,021	28,524,000	0.0300
2016년	821,893,862	796,977,642	24,916,000	0.0303
2017년	902,650,700	879,572,246	23,078,000	0.0256
3개년 평균	891,577,606	866,071,303	25,506,000	0.0286

② 동종 업종 매출 영업이익률*

(1) 주유소

단위: 백만 원

년도	매출액	매출원가+ 판매관리비	영업이익	영업이익률
2016년	1,881,854	1,830,474	51,380	0.0273
2015년	(미고시)			
2014년	2,165,847	2,118,057	47,790	0.0221
2개년 평균				0.0247

(2) 가스충전업

단위: 백만 원

년도	매출액	매출원가+ 판매관리비	영업이익	영업이익률
2016년	216,860	210,508	6,352	0.0293
2015년	(미고시)			
2014년	324,250	319,559	4,691	0.0145
2개년 평균				0.0219

③ 초과 매출 영업이익률 산정

	당해 사업체 평균 영업이익률	**시 평균 영업이익률	초과 영업 이익률
주유소	0.0346	0.0247	0.0099
LPG가스충전소	0.0286	0.0219	0.0067

④ 초과 매출영업이익 산정

(1) 주유소

당해 사업 매출액	×	초과매출 영업이익률(%)	=	초과영업이익
4,569,930,486	×	0.0099	=	**45,242,000**

* 통계청 서비스조사, 시도/산업세 분류, **시 차량용 연료 소매업, 차량용 주유소 운영업

(2) 가스충전소

당해 사업 매출액	×	초과매출 영업이익률(%)	=	초과영업이익
891,577,606	×	0.0067	=	**5,974,000**

(3) 총 초과 영업이익 합계액

영업권 기여이익	51,216,000원

영업권 기여이익 결정

사업이익 자산배분 후 산정된 영업권 기여이익액과 초과이익방식에 의해 산정된 영업권 기여이익액을 평균하여 당해 사업장의 영업권 기여이익액으로 결정함.

사업이익 자산배분에 의한 영업권 기여이익	초과이익 방식에 의한 영업권 기여이익 산정	영업권 기여이익 결정*
55,618,000	51,216,000	**53,417,000**

* (55,618,000 + 51,216,000) ÷ 2 = 53,417,000

영업권 가치 산정

산정식

장래에도 큰 변동 없는 현금 흐름 수준을 가정하여 연금현가계수에 의해 3개년 평균 영업권 기여이익을 자본화한다.

$$\text{영업권 가치} = \sum_{t=0}^{n} \frac{\text{영업권 기여이익}}{(1+i)^t}$$

n = 영업권 내용연수　i = 할인율　t = 영업권 기여이익 현금수입년도

내용연수

당해 사업장의 지리적 위치 및 경쟁력, 당해 업종의 향후 발전 가능성 등을 감안하여 보수적으로 내용연수는 3년을 기준함.

할인율 결정

본건의 영업권 평가에 있어 기여이익의 획득가능기간 동안의 유한복리법 적용에 있어서의 복리연금현가율은 「상속세 및 증여세법」 시행규칙 제19조 제1항의 10/100을 기준으로 하여 10%로 결정한다.

연금현가계수 할인율	10.00%

영업권 가치평가액 산정

영업권 기여이익	×	연금현가계수*	=	산정액
53,417,000	×	2.48690	=	132,842,737

* 연금현가계수: n=3년, i=10% 기준

영업권 가치평가액 결정

영업권 가치평가액으로 상기 산정된 금액을 기준으로 다음과 같이 결정함.

영업권 가치평가액	132,800,000원

2
권리금 가치평가

권리금의 구성요소

: 유형자산

영업을 하는 자 또는 영업을 하려고 하는 자가 영업활동에 사용하는 영업시설·비품·재고자산 등 물리적, 구체적 형태를 갖춘 재산을 말한다.

: 무형자산

무형자산이란 영업을 하는 자 또는 영업을 하려고 하는 자가 영업활동에 사용하는 거래처, 신용, 영업상의 노하우, 건물의 위치에 따른 영업상의 이점 등 물리적·구체적 형태를 갖추지 않은 재산을 말한다.

: 권리금의 가치평가 방법 및 관련 법률

「감정평가 실무기준」 4.3 권리금의 감정평가방법

① 권리금을 감정평가 할 때에는 유형·무형의 재산마다 개별로 감정평가 하는 것을 원칙으로 한다.
② 제1항에도 불구하고 권리금을 개별로 감정평가 하는 것이 곤란하거나 적절하지 아니한 경우에는 일괄하여 감정평가 할 수 있다. 이 경우 감정평가액은 합리적인 배분기준에 따라 유형재산가액과 무형재산가액으로 구분하여 표시할 수 있다.

「상가건물임대차보호법」 제10조 (계약갱신 요구 등)

② 임차인의 계약갱신요구권은 최초의 임대차기간을 포함한 전체 임대차 기간이 10년을 초과하지 아니하는 범위에서만 행사할 수 있다.
③ 갱신되는 임대차는 전 임대차와 동일한 조건으로 다시 계약된 것으로 본다. 다만, 차임과 보증금은 제11조에 따른 범위에서 증감할 수 있다.

「상가건물임대차보호법」 제10조의 3 (권리금의 정의 등)

① 권리금이란 임대차 목적물인 상가건물에서 영업을 하는 자 또는 영업을 하려는 자가 영업시설·비품, 거래처, 신용, 영업상의 노하우, 상가건물의 위치에 따른 영업상의 이점 등 유형 · 무형의 재산적 가치의 양도 또는 이용대가로서 임대인, 임차인에게 보증금과 차임 이외에 지급하는 금전 등의 대가를 말한다.
② 권리금 계약이란 신규임차인이 되려는 자가 임차인에게 권리금을 지급하기로 하는 계약을 말한다.

「상가건물임대차보호법」 제10조의 6 (표준권리금계약서의 작성 등)

국토교통부장관은 임차인과 신규임차인이 되려는 자가 권리금 계약을 체결하기 위한 표준권리금계약서를 정하여 그 사용을 권장할 수 있다.

「상가건물임대차보호법」 제10조의 7 (권리금 평가기준의 고시)

국토교통부장관은 권리금에 대한 감정평가의 절차와 방법 등에 관한 기준을 고시할 수 있다.

권리금 가치평가 사례1

가치평가 목적

본 권리금 가치평가의 목적은 **시 ##구 ***번지 소재하는 우리(**점)의 2015년 12월 29일 권리금 가치(유형자산 및 무형자산의 가치)를 산정하여 경제성을 판단하기 위한 것임.

관련 법률 및 기준

감정평가에 관한 규칙, 감정평가에 관한 실무, 상가건물임대차보호법, 상속세 및 증여세법, 법인세법 등

기준 시점

2015. 12. 29. 기준

대상 사업체 개황

· 소재지

**시 **구 ***번지

· 사업체 성격

상호	우리(**점)		
사업자등록번호	*****	성명	홍길동
사업장	**시 **구 ***번지	업태	음식

유형자산 평가

산정식

유형자산액 = 취득원가(초기 투자액+추가 투자액) - 감가상각누계액

유형자산 산정

① 취득 원가

"우리(**점)" 개점 비용

	초기 투자액	추가 투자액	취득원가
취득원가	158,440,000	3,850,000	162,290,000

* 초기 투자 시점: 2012년 2월

② 감가상각 방법

$$감가상각액 = \frac{취득원가-잔존가액^*}{내용연수(n)}$$

* 잔존가액: 10% 추정

(1) 잔존가액

자산의 비용화가 끝난 시점에 있어서의 처분 가능 가액으로 취득원가의 10%를 추정·적용하였음.

(2) 내용연수

내용연수는 「상가건물임대차보호법」 제10조 제2항에 의해 임차인의 계약갱신요구권 등을 고려하여 5년*을 기준하였음.

(3) 감가상가액 산정

취득원가	잔존가액	내용연수	년감가상각액(원)
162,290,000	16,229,000	5	29,212,200

* 평가 기준시점(2015. 12.) 이후 「상가건물임대차보호법」 제10조 제2항 개정됨. 유형자산(인테리어 포함) 성격에 따라 5~10년 기준할 수 있음.

③ 연도별 유형자산

년도	취득원가 ①	년감가상각액 ②	감가상각누계액 ③	유형자산액 ④=①-③
2012년	162,290,000	24,343,500*	24,343,500	137,947,000
2013년	162,290,000	29,212,200	53,555,700	108,734,000
2014년	162,290,000	29,212,200	82,767,900	79,522,000
2015년	162,290,000	29,212,200	111,980,100	50,310,000

* 초기 투자 시점: 2012년 2월

④ 유형자산 가치평가액 결정

상기 ③에 의해 산정된 년도별 유형자산 금액 중 기준 시점인 2015년 유형자산액을 유형자산 가치평가액으로 결정함.

유형자산 가치평가액	50,310,000원

영업권 평가

재무제표 분석*

① 재무상태표 요약

과목	2015년(원)	2014년(원)	2013년(원)
유동자산	18,018,981	23,325,321	41,641,515
유형자산	12,976,425	0	0
무형자산*	0	0	0
기타비유동자산	0	0	0
자산합계	30,995,406	23,325,321	41,641,515

* 본 사업장의 재무상태표상 무형자산 금액은 없음.

* 3개년 재무상태표, 손익계산서 작성은 본서에서는 생략함.

② 손익계산서 요약

과목	2015년(원)	2014년(원)	2013년(원)
매출액	348,613,466	313,651,558	384,182,744
매출원가	219,065,279	209,699,027	265,889,844
판매비와 관리비	106,712,107	86,265,221	99,683,759
영업이익	22,836,080	17,687,310	18,609,141
당기순이익	27,531,573	21,824,699	23,609,141

사업이익

① 대상 업체 매출액 산정

신고된 재무제표(손익계산서)상의 매출액과 의뢰인이 제시한 실제 매출액을 평균하여 대상 업체의 매출액으로 인정함.

연도	손익계산서 매출액 ①	의뢰인제시자료상 매출액 ②	조정 매출액* ③=(①+②)÷2
2013년	384,182,744	503,121,300	443,652,022
2014년	313,651,558	385,372,604	349,512,081
2015년	348,613,466	416,428,800	382,521,133
3개년 평균	348,815,923	434,974,235	391,895,079

* 손익계산서상의 매출액과 의뢰인 제시자료상의 매출액 평균함.

② 대상 업체 매출원가 산정

손익계산서 매출원가율과 의뢰인 제시자료상의 매출원가율을 평균하여 당해 업체의 매출원가율을 결정해 대상 업체의 매출원가를 산정함.

(1) 손익계산서 매출원가율

연도	매출액 ①	매출원가 ②	매출원가율 ③=②÷①
2013년	384,182,744	265,889,844	0.69209
2014년	313,651,558	209,699,027	0.66857
2015년	348,613,466	219,065,279	0.62839
3개년 평균	348,815,923	231,551,383	0.66302

(2) 의뢰인 제시자료 매출원가율

연도	매출액 ①	매출원가 ②	매출원가율 ③=②÷①
2013년	503,121,300	215,503,200	0.42833
2014년	385,372,604	170,749,400	0.44308
2015년	416,428,800	163,578,700	0.39281
3개년 평균	434,974,235	183,277,100	0.42141

(3) 매출원가율 결정

연도	손익계산서상 매출원가율 ①	의뢰인제시자료 매출원가율 ②	평균 매출원가율 ③=(①+②)÷2
2013년	0.69209	0.42833	0.56021
2014년	0.66857	0.44308	0.55583
2015년	0.62839	0.39281	0.51060
3개년 평균	0.66302	0.42141	0.54221

③ 대상 업체 매출원가

연도	조정 매출액 ①	매출원가율 ②	매출원가 ③=①×②
2013년	443,652,022	0.56021	248,538,299
2014년	349,512,081	0.55583	194,269,300
2015년	382,521,133	0.51060	195,315,291
3개년 평균	391,895,079	0.54221	212,707,630

④ 대상 업체 매출총이익

연도	조정 매출액 ①	매출원가 ②	매출총이익 ③=①-②
2013년	443,652,022	248,538,299	195,113,723
2014년	349,512,081	194,269,300	155,242,781
2015년	382,521,133	195,315,291	187,205,842
3개년 평균	391,895,079	212,707,630	179,187,449

⑤ 대상 업체 판매비와 관리비

손익계산서상의 매출액 대비 판매비와 관리비 비율을 산정한 후 조정된 매출액에 대응하는 판매비와 관리비를 산정함.

(1) 손익계산서 매출액 대비 판매비와 관리비 비율

연도	손익계산서상 매출액(원) ①	판매비와 관리비(원) ②	판매비와 관리비 비율 ③=②÷①
2013년	384,182,744	99,683,759	0.25947
2014년	313,651,558	86,265,221	0.27504
2015년	348,613,466	106,712,107	0.30610
3개년 평균	348,815,923	97,553,696	0.28020

(2) 조정 매출액 대비 판매비와 관리비 비율

연도	조정매출액(원) ①	판매비와 관리비 비율 ②	판매비와 관리비(원) ③=①×②
2013년	443,652,022	0.25947	115,114,390
2014년	349,512,081	0.27504	96,129,803
2015년	382,521,133	0.30610	117,089,719
3개년 평균	391,895,079	0.28020	109,444,637

(3) 판매비와 관리비 추가 항목

자가노력비가 판매비와관리비에 포함되어 있지 않는 바, 당해 해당 업종의 '통계청 시도/산업별 연간급여'를 기준하여 자가노력비를 추가함.

연도	상용종사자 연간급여액(원) ①	상용종사자수(명) ②	자가노력비(원) ③=①÷②
2013년	22,559,000,000	1,306	17,270,000
2014년	12,932,000,000	803	16,100,000
2015년	38,577,000,000	-	17,270,000

통계청 도소매업조사 시도/산업별 연간급여액 ##시

(4) 조정 후 판매비와 관리비에 의한 영업이익 산정

연도	매출총이익	판매비와 관리비	자가노력비	영업이익
2013년	195,113,723	115,114,390	17,270,000	62,729,000
2014년	155,242,781	96,129,803	16,100,000	43,013,000
2015년	187,205,842	117,089,719	17,270,000	52,846,000
3개년 평균	179,187,449	109,444,637	16,880,000	52,863,000

⑥ 당해 사업장 영업이익률 검토

(1) 당해 사업장 영업이익률

연도	매출액	매출총이익	비용*	영업이익	영업이익률
2013년	443,652,022	195,113,723	132,384,390	62,729,000	0.14139
2014년	349,512,081	155,242,781	112,229,803	43,013,000	0.12307
2015년	382,521,133	187,205,842	134,359,719	52,846,000	0.13815
3개년 평균	391,895,079	179,187,449	126,324,637	52,863,000	0.13420

* 매출 원가+판매비와 관리비+자가노력비

(2) ##시 동·유사 업종 매출영업이익률

년도	매출액(원)	영업비용(원)	영업이익(원)	영업이익률
2013년	2,286,836,000,000	2,032,267,000,000	254,569,000,000	0.11132
2014년	2,194,407,000,000	1,901,721,000,000	292,686,000,000	0.13338
2015년	2,866,236,000,000	2,463,630,000,000	402,606,000,000	0.14047
3개년 평균	2,449,159,666,667	2,132,539,333,333	316,620,333,333	0.12839

출처: 통계청 도소매업조사 시도/산업별 숙박 및 음식점업

(3) 검토

당해 사업장의 3개년 영업이익률은 '13.420%'로 ##시 동·유사 업종인 숙박 및 음식점업의 3개년 평균 영업이익률 '12.839%'를 상회하는바 영업권 가치 있음.

⑦ 사업이익 결정

상기 조정 후 판매비와 관리비에 의한 3개년간의 평균 영업이익을 대상 업체의 사업이익으로 결정함.

사업이익	52,863,000원

유동자산 가치 산정

① 재무상태표

	2015년	2014년	2013년	3개년 평균액(원)
유동자산	18,018,981	23,325,321	41,641,515	27,662,000

② 유동자산 가치

유동자산가치는 2013년, 2014년, 2015년 3개년 평균액으로 결정.

유동자산 가치	27,662,000원

동·유형자산 기여이익

① 유동자산 기여이익 산정

(1) 기여이익률 결정

· 국고채, 정기예금 금리

단위: %

	국고채(3년)	국고채(5년)	정기예금(1년~2년 미만)
2013년	2.790	3.000	2.890
2014년	2.589	2.836	2.540
2015년	1.794	1.974	1.810

한국은행 경제통계시스템

(2) 유동자산 기여이익률 결정

시중금리, 당해 업종의 특성 등을 고려하여 4.00%로 결정함.

유동자산 기여이익률	4.00%

(3) 유동자산 기여이익 산정

유동자산(원)	기여이익률(%)	기여이익(원)
27,662,000	4.00	1,106,000

② 유형자산 기여이익 산정

유형자산 기여이익은 연도별 감가상각상당액이 적정하다고 판단되어 연 감가상각액을 기여이익으로 결정함.

유형자산 기여이익	29,212,000원

영업권 기여이익 산정

사업이익	-	유동자산 기여이익	-	유형자산 기여이익	=	영업권 기여이익
52,863,000	-	1,106,000	-	29,212,000	=	**22,545,000**

영업권 가치 결정

① 영업권 내용연수

「상속세 및 증여세법」 시행령 제59조 제2항, 법인세법 및 일반 회계기준, 당해 업종의 특성 등을 종합 고려하여 n=5년을 기준함.

② 할인율 결정

본 영업권 평가에 있어 기여이익의 획득가능기간 동안의 유한복리법 적용에 있어서의 복리연금현가율은 「상속세 및 증여세법」 시행규칙 제19조 제1항의 10/100을 기준으로 하여 10%로 결정한다.

연금현가계수 할인율	10.00%

③ 영업권 가치 결정

(1) 영업권 가치평가액 산정

영업권 기여이익	×	연금현가계수*	=	산정액
22,545,000	×	3.79080	=	**85,463,586**

* 연금현가계수: n=5년, i=10% 기준

(2) 영업권 가치 결정

상기 산정된 금액을 기준으로 다음과 같이 결정한다.

영업권 가치	85,460,000원

권리금 가치 결정

권리금의 감정평가 기준 및 구성항목에 의해 유형자산 가치와 무형자산(영업권) 가치의 합계액을 권리금 가치액으로 결정함.

유형자산 가치	+	무형자산 가치	=	권리금 가치
50,310,000	+	85,460,000	=	**135,770,000**

권리금 가치평가 사례2

가치산정 목적

본 권리금 가치평가는 『##시 **빌딩 101호(@@업소)』의 대상 업종의 위치에 대한 유형자산 가치를 제외한 위치에 따른 권리금 가치만을 추정·산정하여 ##목적의 권리금 가치의 경제성을 판단하기 위한 것임.

가치평가 대상

##시 **빌딩 101호 @@업소의 대상 업종의 위치에 따른 권리금 가치

기준 시점

2017. 11. 31.

조사방법

인근 및 유사지역의 권리금 사례 수집

관련 법률 및 기준

감정평가에 관한 규칙, 감정평가에 관한 실무, 상가건물임대차보호법, 무형자산 일반이론 등

가치산정 대상

대상 물건소재 건물 현황

소재지	##시
용도지역	준주거지역
이용상황	상업용

토지	지목 - 대 / 면적 - 343㎡	
건물	구조	철근콘크리트구조
	사용승인일	2012. 05. 23.
	연면적	711.71㎡
	규모	지상 3층

대상 부동산 현황

위치	상호명	임대부분	임대면적	임대차현황(원)	임대기간
1층	@@업소	1층 101호	62.32㎡	보증금 40,000,000 월임료 1,100,000 (VAT 제외)	2011. 12. 01. ~2016. 11. 31.

권리금 산정

가치산정 대상과 유사한 인근 소재 거래사례를 선정하여 거래가격에서 유형자산 가치를 공제하여 위치 권리금가치를 구한 후 상호 요인비교하여 유형자산가치가 제외된 대상 권리금 가치를 산정함.

인근지역 거래사례

일련번호	소재지	물건대상	임대면적(㎡)	거래 시점	권리금 거래가액(원)	
#1	***	1층 3호	53.08	2014. 04. 10.	30,000,000 (565,184/㎡)	
		용도지역	개별지가(원/㎡)	임대료(원)	이용상황	
					전	후
		2종 일반 주거지역	682,100	보증금 20,000,000 월세 450,000	호프집	부동산업

일련번호	소재지	물건대상	임대면적(㎡)	거래 시점	권리금 거래가액(원)	
#2	###	1층 106호	33.00	2017. 02. 28.	20,000,000 (606.060/㎡)	
		용도지역	개별지가(원/㎡)	임대료(원)	이용상황	
					전	후
		2종 일반 주거지역	551,000	보증금 30,000,000 월세 380,000	미용실	부동산업

거래사례 유형·무형자산 구성비율 결정

거래사례 #1, #2는 이종 업종 간의 권리금 거래사례로서, 실거래 시 거래가격에서 유형자산의 가치 비중이 상대적으로 적거나 미미하며, 유형자산의 사용년·유형 및 임대면적의 규모, 업종의 성격 등을 고려하여 유형자산에 대한 가치로서 임대면적에 대해 150,000원/㎡로 산정함.

① 거래사례 #1 구성비율 산정

임대 면적	×	㎡당 가격	=	유형자산 가치 추정액
53.08	×	150,000	=	**7,962,000**
유형자산 가액	÷	권리금 거래가액	=	유형자산 구성비율
7,962,000	÷	30,000,000	=	**0.2654**

② 거래사례 #2 (###, 1층 106호) 구성비율 산정

임대 면적	×	㎡당 가격	=	유형자산 가치 추정액
33.00	×	150,000	=	**4,950,000**
유형자산 가액	÷	권리금 거래가액	=	유형자산 구성비율
4,950,000	÷	20,000,000	=	**0.2475**

③ 구성비율 결정

사례	유형자산	무형자산
#1	0.27	0.73
#2	0.25	0.75

임대료 수준

	임대면적(㎡)	임대료(원)	보증금* 월세전환율(%)	연임대료 (월임대료)	㎡당 월임대료
본건 부동산	62.32	보증금 40,000,000 월세 1,100,000	8.4	16,560,000 (1,380,000)	22,100
사례#1	53.08	보증금 20,000,000 월세 450,000	8.4	7,080,000 (590,000)	11,100
사례#2	33	보증금 30,000,000 월세 380,000	8.4	7,080,000 (590,000)	17,900

* 보증금 월세전환율: *** 조사·발표 임대전환율

거래사례의 선정 및 비교

본건의 상가와 인근에 소재하는 유사 업종의 사례로 본건과 입지조건, 영업조건, 시설조건 등 비교 가능성이 높다고 판단되는 거래사례 #1, #2를 각각 선정하여 비교함.

① 사정보정

사정보정에 관한 의견	사정보정치
선정된 거래사례 #1, #2는 별다른 사정개입 없는 정상적인 거래로 보임.	1.00

② 시점수정

신뢰할 수 있는 기관에서 조사·발표하는 ##시 임대가격지수(소규모 상가)를 기준함.

산출근거					결정	
가격지수	시점		적용지수		변동률	-2.53%
	기준	2017. 11. 31.	2017.3Q	100.1		
			2017.4Q	100.0		
	사례#1	2014. 04. 10.	2014.1Q	102.8		
			2014.2Q	101.4		
시점수정치			0.97470 (산식: 100.034÷102.631)			

산출근거					결정	
가격지수	시점		적용지수		변동률	0.426%
	기준	2017. 11. 31.	2017.3Q	100.1		
			2017.4Q	100.0		
	사례#2	2017. 02. 28.	2016.4Q	100.2		
			2017.1Q	99.3		
시점수정치			1.00426 (산식: 100.034÷99.61)			

③ 지역요인 비교

거래사례 #1, #2는 인근 및 유사지역 내 상권에 소재하여 지역요인은 유사함(비교치: 1.000).

④ 개별요인 비교

(1) 거래사례 #1 (****, 1층 3호)

조건	소항목	세항목	격차율	비고
입지 조건	위치	지하철 역세권, 버스노선	1.30	본건이 용도지역에서 우세하여 위치적으로 토지개별지가가 높으며 이는 임대료 등에 반영되어 위치적으로 우세함. 상권, 배후지에 있어 본건은 아파트 인근에, 사례는 아파트단지 내에 위치하며 주변의 편익, 유익시설 등은 유사하여 종합고려 시 본건이 30% 우세함.
		유동인구, 접면도로상태 등		
		편익, 유익시설		
	상권	상권의 크기		
		주요고객 유형		
		유효구매력 수요		
		상가적합성		
	배후지	배후지의 성격		
		세대수, 구성원 등		
영업 조건	신용도	고객인지도(브랜드 등)		
		신용도		
	노하우	영업노하우	1.00	유사함.
	거래처 관계	업종간 경쟁관계, 점포수급동향		
		고객수준, 영업(업종) 난이도		
	상가면적 및 건물 관리상태	건물규모, 관리상태, 임차자 혼합 정도, 주차상태, 층호별 위치 등		
		상가면적		
	임대차 계약 정도	초기 권리금 수준 임대차 계약내용(계약기간, 보증금과 월임료, 특약)		
시설 조건	시설상태, 규모 등	인테리어 수준	1.07	본건은 사례와 건물비교(구조, 층수, 내용연수 등)에서 7% 우세함.
		영업시설의 형식		
		비품구비 수준		
		경쟁업체와의 시설수준		
기타 조건	기타 요인	허가난이도 등 장래의 동향, 그 밖의 사항	1.00	유사함.
비교치			1.391	

(2) 거래사례 #2 (**##, 1층 106호)

조건	소항목	세항목	격차율	비고
입지 조건	위치	지하철 역세권, 버스노선	1.20	본건이 용도지역에서 우세하며, 위치적으로 우세함. 본건 및 사례는 상권 및 배후지로서 각각 아파트단지 인근에 위치하며, 주변 편익시설 등은 유사하여 종합 고려시 입지조건은 본건이 20% 우세함.
		유동인구, 접면도로상태 등		
		편익, 유익시설		
	상권	상권의 크기		
		주요고객 유형		
		유효구매력 수요		
		상가적합성		
	배후지	배후지의 성격		
		세대수, 구성원 등		
영업 조건	신용도	고객인지도(브랜드 등)		
		신용도		
	노하우	영업노하우	1.00	유사함.
	거래처 관계	업종간 경쟁관계, 점포수급동향		
		고객수준, 영업(업종) 난이도		
	상가면적 및 건물 관리상태	건물규모, 관리상태, 임차자 혼합정도, 주차상태, 층호별 위치 등		
		상가면적		
	임대차 계약 정도	초기 권리금 수준 임대차 계약내용(계약기간, 보증금과 월임료, 특약)		
시설 조건	시설상태, 규모 등	인테리어 수준	1.05	본건은 사례와 건물비교(구조, 내용연수 등)에서 5% 우세함.
		영업시설의 형식		
		비품구비 수준		
		경쟁업체와의 시설수준		
기타 조건	기타 요인	허가난이도 등 장래의 동향, 그 밖의 사항	1.00	유사함.
비교치			1.260	

⑤ 결정단가 산정

기호	거래사례 (원/㎡)	사정 보정	무형자산 구성비율	시점 수정	지역 요인	개별 요인	산출단가 (원)	결정 단가(원)
#1	565,184	1.00	0.73	0.9747	1.00	1.391	559,385	559,000
#2	606,060	1.00	0.75	1.00426	1.00	1.260	575,167	575,000

무형자산 가액 산정

거래사례 #1과 거래사례 #2의 평균 단가를 무형자산의 전유면적(원/㎡) 금액으로 산정함.

결정단가(원/㎡)	전유면적(㎡)	무형자산액(원
567,000	62.32	35,300,000

* (559,000+575,000)/2 =567,000
** 무형자산 결정 가격은 만 원 미만 반올림함.

권리금 가치 결정

대상 권리금에 대하여 유형자산을 제외한 무형의 자산에 대한 권리금 가치로 다음과 같이 결정함.

유형자산 가치평가	무형자산 가치	권리금 가치
가치평가 제외	35,300,000	35,300,000

3
기업가치(비상장주식) 가치평가

비상장주식의 개념

상장주식에 반대되는 말로서 주식시장에서 거래되지 못하는 주식, 상장되지 못한 주식을 뜻한다. 상장주식과 가장 큰 차이는 거래소와 같은 다수 매매시장이 없어서 실제 매매가격의 객관적 가치(시장가격)를 모르므로 매수자와 매입자 간의 협상으로 거래가 이루어진다는 점이다.

비상장주식은 매매를 위한 기준가격을 산정하고 유동성을 따로 확보해야 하며, 발행기관의 보증과 책임이 없으므로 기업에 대한 공시된 정보가 부족하고 시장에 전달이 어려워 정확한 주식의 가치를 파악하기 데 힘든 문제점이 있다.

비상장주식의 가치평가 방법

: 자산접근법

기업의 가치를 기업이 보유한 자산에 근거하여 평가하는 방법으로 자산에서 부채를 차감한 순자산을 발행주식수로 나눈 주당순자산가액으로 산정한다. 이 경우 개별자산의 가액은 평가대상 기업의 장부가치를 기준으로 하거나 시장의 평가에 의해 공정가치, 청산가치 등으로 평가하게 된다.

「감정평가규칙」은 비상장주식의 평가를 순자산가치법으로 할 것을 원칙으로 하고 있다. 그러나 기업의 성장이 계속적으로 이뤄지고 있는 경우라면 미래의 영업이익을 반영하지 않은 평가방법이므로 그 기업의 실제 가치보다 낮게 평가된다는 단점을 가지고 있다.

그러므로 자산접근법은 부동산 과다보유 법인이나 신생기업, 적자기업 등의 평가방법으로 활용되고 있으며 상속 및 증여세액 평가 시 일정 비중으로 순수익가치과 절충하여 해당 비상장기업의 주식을 평가하는 데 이용하고 있다.

: 이익접근법

평가대상 기업이 계속기업으로서 가치를 지닌다는 전제하에 평가하며 과거의 영업실적을 기초로 평가하거나 미래의 1주당 이익을 추정하여 평가하는 방법 등 두 가지 방법으로 크게 나눠볼 수 있다.

상속세 및 증여세액 평가의 경우 1주당 순손익가치는 최근 3년간의 순손익액의 가중평균액 또는 추정이익을 국세청장이 고시하는 이자율(현재 연 10%)로 할인하여 산정한다.

「유가증권의 발행 및 공시 등에 관한 규정 시행세칙」에서는 수익가치를 향후 2개년 사업연도를 추정하여 재무제표를 작성한 후 이를 기준으로 계산한 주당 추정이익을 자본환원율(주요 은행 정기예금 최저이율 평균치의 1.5배)로 할인하며 제1사업연도 60%, 제2사업연도 40%의 비중으로 가중산술평균한 값을 주당 순수익가치로 산정한다. 해당 법률들을 기준으로 이렇게 산정한 수익가치는 모두 주당 순자산가치와 일정 비율로 계산하여 1주당 평가액으로 결정하게 된다.

현행 「감정평가규칙」에서는 순자산가치평가액이 적절치 않을 때만 수익환원법에 의한 수익가격으로 평가가 가능하도록 규정하고 있다. 이때 수익환원법은 직접환원법 또는 할인현금수지분석법(DCF법) 중에서 대상 기업에 가장 적절한 방법을 선택하여 계산하게 된다. 할인현금수지분석법은 평가대상 기업으로부터 기대되는 미래의 효익으로 기업의 가치를 산정하는 평가방법, 즉 잉여현금흐름할인모형(FCFF모형)이 대표적이다.

보통 회계법인이나 컨설팅기업에서 기업가치를 평가하는 경우에는 직접환원법보다는 잉여현금흐름모형으로 산출한 현금흐름할인법을 사용하는 경우가 대부분이다. 잉여현금흐름모형은 미래 5개년의 사업연도를 정액 혹은 정률 성장을 추정하며 5개년 이후의 가치는 기업의 잔존가치(Terminal value)로 항상성장모형을 이용하여 값을 계산하게 된다. 이렇게 산정된 기업의 전체 자산가치에서 부채 즉 타인자본가치를 차감하여 구한 자기자본가치에 발행주식수를 나누어 1주당 평가액을 산출한다.

: 시장접근법

시장접근법은 평가대상 기업의 시장가치를 평가하여 비상장주식의 가치를 산출하는 방법으로 상장주식의 경우에는 평가기준일 이전과

이후의 2개월 한국거래소에서 공표된 최종시세가격의 평균액으로 시장가치를 적용하고 있다.

비상장주식은 거래가 활발하지 않으므로 이러한 시가평가가 어렵기 때문에 동종 업종, 동등한 규모의 상장회사를 유사상장기업으로 선정하여 시장거래가격과 일정한 기준에 의해 비교평가한 후 주식가치를 산출하게 된다. 이러한 방법들로는 유사기업평가법(비준평가법), 상대가치평가법 등이 있다.

상대가치평가법으로는 평가 대상의 내재가치에 근거하여 유사상장기업과 동종 산업의 성장률과 이익률 등을 고려하여 평가하는 방법으로 PER 분석, EV/EBITDA 분석 등이 있다.

유사기업을 이용하여 평가할 때에는 해당 유사상장기업을 보통 3개 정도 채택하여 비교한 수치를 산술평균한 값에 일정한 비율로 할인하게 된다.

: 절충적평가법

절충적평가법이란 주식의 가치가 순자산가치, 순손익가치 등 어느 하나의 가치에 의해 평가되는 것이 아니라 이들 가치를 보완하여 평가하는 것이 주식의 실제 가치에 보다 접근할 수 있다는 개념에서 출발한 것이다.

「상속세 및 증여세법」의 보충적 평가법이 대표적인 방법으로, 보충적 평가법은 종전의 비상장주식 평가방법이 순자산가치로 평가되는 경우가 많아 도입된 제도로 순손익가치와 순자산의 가중치를 3:2로 적용하여 계산하는 방법이다. 이때 평가대상 기업이 부동산 보유비율이 50%가 넘는 법인이면, 가중치를 순손익가치 2, 순자산가치 3으로 두어 적용하게 된다.

이론 및 법규상 가치평가 방법 살펴보기

: 감정평가 이론의 절충적평가법

절충적평가법이란 주식의 가치가 순자산가치, 순손익가치 등 어느 하나의 가치에 의해 평가되는 것이 아니라 이들 가치를 보완하여 평가하는 것이 주식의 실제가치에 보다 접근할 수 있다는 개념으로, 가치평가에 있어 절충적평가법으로 가치를 접근하는 평가방법이 어느 하나의 방법에만 의존하는 가치산정보다 더 적절해 보인다.

: 「상속세 및 증여세법」

「상속세 및 증여세법」 시행령 제54조 ①항을 기준하여 순자산가치와 순손익가치의 비율을 2:3으로 하여 비상장주식의 가치를 구한다.

> 제54조(비상장주식의 평가)
>
> ①법 제63조제1항제1호다목에 따른 한국거래소에 상장되지 아니한 주식 및 출자지분(이하 이 조 및 제56조의2에서 "비상장주식"이라 한다)은 다음의 산식에 따라 평가한 가액(이하 "순손익가치"라 한다)과 1주당 순자산가치를 각각 3과 2의 비율로 가중평균한 가액으로 한다. 다만, 부동산과다보유법인(「소득세법 시행령」 제158조제1항제1호 가목에 해당하는 법인을 말한다)의 경우에는 1주당 순손익가치와 순자산가치의 비율을 각각 2와 3으로 한다.

: 감정평가에 관한 규칙

감정평가에 관한 규칙 제24조 2호를 기준하여 대상기업의 순자산가치를 구한다.

제24조(유가증권 등의 감정평가)
① 감정평가업자는 주식을 감정평가할 때에 다음 각 호의 구분에 따라야 한다.
1. 상장주식[「자본시장과 금융투자업에 관한 법률」 제373조의2에 따라 허가를 받은 거래소(이하 "거래소"라 한다)에서 거래가 이루어지는 등 시세가 형성된 주식으로 한정한다]: 거래사례비교법을 적용할 것
2. 비상장주식(상장주식으로서 거래소에서 거래가 이루어지지 아니하는 등 형성된 시세가 없는 주식을 포함한다): 해당 회사의 자산·부채 및 자본 항목을 평가하여 수정재무상태표를 작성한 후 기업체의 유·무형의 자산가치(이하 "기업가치"라 한다)에서 부채의 가치를 빼고 산정한 자기자본의 가치를 발행주식 수로 나눌 것

: 비상장주식 가치평가 절차도

평가 대상 기업 분석	· 기업 개황 · 주요 주주 현황 및 재무정보 분석
⇩	
순자산가치평가	· 수정 전 순자산가액(재무제표) · 재평가 차액 산정(유형자산 등 재평가, 영업권 평가) · 순자산가치 결정 · 1주당 가치액 결정
⇩	
순손익가치평가	· 과거 3개년 가중 평균 손 순익액 · 적용 할인율 결정 · 1주당 가치액 결정
⇩	
1주당 가치액 결정	· 순자산가치와 순손익가치 가중평균에 의한 1주당 가치액 산정 · 총 기업가치 산정
⇩	
평가대상 주식지분 가치액 결정	

비상장주식 가치평가 사례

가치평가 개요

가치평가 목적

본건 비상장주식의 가치산정은 ## 목적의 감정평가임.

가치평가 대상

① 주식회사 ###

{주소: 한국시 ㄱ**** 등기번호: a**, 법인등록번호 q###}의 발행주식 중 홍길동 소유의 46,000주

② 주식회사 ***

{주소: 고려시 ㄴ*** 등기번호: b**, 법인등록번호 p###}의 발행주식 중 홍길동 소유의 56,000주

가치평가 사항

가치대상 목적물 각 주식에 대한 현재 시가

기준 시점

2018. 10. 01.

감정평가 관련 자료

① 평가 관련자료

3개년 재무제표, 의뢰인 제시자료 등

② 관련 법률 및 제 이론

「감정평가에 관한 규칙」 및 「상속세 및 증여세법」 감정평가 이론 등

순자산가치 산정*

수정 전 순자산가치 산정

기호(회사)	자산	부채	순자산가치
가	753,831,691	287,896,621	465,935,070
나	1,871,349,427	492,620,996	1,378,728,431

재평가차액

① 유형자산 변동액

재무상태표상의 유형자산(토지·건물 등)을 기준시점 현재 재평가함.

기호(가)	0	기호(나)	385,710,000

② 영업권 평가액

해당기업의 영업권 가치를 평가함.

기호(가)	0	기호(나)	0

③ 재평가차액

기호(가)	0	기호(나)	385,710,000

수정 후 순자산가치

① 기호(가)

항목			금액(원)
1	수정 전 순자산가치		465,935,070
2	재평가차액	유형자산 재평가차액	-
		영업권평가액	-
		합계액	-
3	수정 후 순자산가치		465,935,070

* 재무상태표 작성은 본서에서는 생략함.

② 기호(나)

항목			금액(원)
1	수정 전 순자산가치		1,378,728,431
2	재평가차액	유형자산 재평가차액	385,710,000
		영업권평가액	0
		합계액	385,710,000
3	수정 후 순자산가치		1,764,438,431

순자산가치에 의한 1주당 가치액 산정

① 기호(가)

항목	금액(원)	비고
순자산가치액	465,935,070	
발행주식수	46,000	
1주당가치	10,129/주	465,935,070÷46,000주

② 기호(나)

항목	금액(원)	비고
순자산가치액	1,764,438,431	
발행주식수	112,000	
1주당가치	15,754/주	1,764,438,431÷112,000주

순순익가치 산정*

손익계산서 요약

① 기호(가)

과목	2018년	2017년	2016년	3개년 가중평균액
매출액	1,769,063,853	2,303,727,284	1,732,987,065	1,941,272,199
매출원가	0	0	0	0
판매관리비	1,736,763,776	2,199,106,805	1,710,585,070	1,886,515,001
영업이익	32,300,077	104,620,479	22,401,995	54,757,197
영업 외 수익	14,366,311	3,037,553	20,310,830	11,580,812
영업 외 비용	0	3,132,800	0	1,044,267
법인세차감전이익	46,666,388	104,525,232	42,712,825	65,293,742

② 기호(나)

과목	2018년	2017년	2016년	3개년 가중평균액
매출액	3,104,692,447	2,656,112,244	2,833,589,120	2,909,981,825
매출원가	248,628,668	221,254,669	150,947,797	223,223,857
판매관리비	2,866,535,096	2,377,179,200	2,605,721,312	2,659,947,500
영업이익	-10,471,317	57,678,375	76,920,011	26,810,468
영업 외 수익	10,443,009	52,095,470	75,562,972	35,180,490
영업 외 비용	2,033,237	144,572,318	49,048,161	57,382,085
법인세차감전이익	-2,061,545	-34,798,473	103,434,822	17,239,137*

* 「상속세 및 증여세법」 시행령 제56조 ①에 의해 법인세차감전이익이 음수인 경우 0으로 하여 산정함.

순순익 산정

순순익은 조사시점 현재 작성된 2016년, 2017년, 2018, 3개년의 가중평균 매출세전수익(법인세차감전이익)을 기준한다.

* 손익계산서 작성은 본서에서는 생략함.

① 기호(가)

과목	2018년	2017년	2016년	가중평균 순손익
순손익	46,666,388	104,525,232	42,712,825	65,293,742

② 기호(나)

과목	2018년	2017년	2016년	가중평균 순손익
순손익	0	0	103,434,822	17,239,137*

* 2018년, 2017년은 순손익이 음수인바, 「상속세 및 증여세법」 시행령 제56조 ①에 의거 0으로 산정함.

발행주식수

기호	발행 총 주식수	비고
가	46,000	(2016년, 2017년, 2018년) 주식 발행수 변동 없음.
나	112,000	

할인율

기획재정부 장관이 고시하는 이자율 10%로 결정함.

할인율	10%

순손익가치에 의한 1주당 가치

① 기호(가)

손순익	÷	발행주식수	÷	할인율	=	1주당 가치
65,293,742	÷	46,000주	÷	0.1	=	**@14,194/주**

② 기호(나)

손순익	÷	발행주식수	÷	할인율	=	1주당 가치
17,239,137	÷	112,000주	÷	0.1	=	**@1,539/주**

비상장주식의 1주당 가치액 결정

1주당 가치액 산정

① 기호(가)

가치평가 방법	1주당 가액	가중치	1주당 가중액
순자산가치	10,129	2	20,258
순손익가치	14,194	3	42,582
가중평균 후 1주당 가액	12,568		(20,258+42,582)/5

② 기호(나)

가치평가 방법	1주당 가액	가중치	1주당 가중액
순자산가치	15,754	2	31,508
순손익가치	1,539	3	4,617
가중평균 후 1주당 가액	7,225		(31,508+4,617)/5

기업가치

① 기호(가)

1주당 가액	×	발행주식수	=	기업가치
12,568	×	46,000	=	**578,128,000**

② 기호(나)

1주당 가액	×	발행주식수	=	기업가치
7,225	×	112,000	=	**809,200,000**

수정 후 순자산가치 산출 근거

유형자산 재평가

재무상태표의 토지·건물 및 누락된 유형자산에 대하여 재평가함. 본서에서는 생략함(토지·건물 감정평가방식 참조).

기호(가) 영업권 평가

① 재무상태표 요약(2018년 기준)

과목	2018년
유동자산	493,425,669
비유동자산	260,406,022
무형자산	0
자산합계	**753,831,691**

② 손익계산서 요약

과목	2018년	2017년	2016년	3개년 가중평균액*
매출액	1,769,063,853	2,303,727,284	1,732,987,065	1,941,272,199
매출원가	0	0	0	0
판매비와 관리비	1,736,763,776	2,199,106,805	1,710,585,070	1,886,515,001
영업이익	32,300,077	104,620,479	22,401,995	54,757,197
영업외수익	14,366,311	3,037,553	20,310,830	11,580,812
영업외비용	0	3,132,800	0	1,044,267
법인세차감전이익	46,666,388	104,525,232	42,712,825	65,293,742
매출액세전수익률	2.64	4.54	2.46	3.24

* 가중평균: (2018년×3+2017년×2+2016년×1)/6

③ 사업이익

3개년 간의 매출액세전 순수익(법인세차감전이익)을 가중평균함.

과목	2018년	2017년	2016년	3개년 가중평균액
사업이익	46,666,388	104,525,232	42,712,825	65,293,742

④ 초과이익 산정

(1) 당해 사업체 매출액세전순이익률(3개년 가중평균수익률)*

매출액세전순이익률	3.24%

(2) 동종 업종 매출액세전순이익률

· 한국은행 경제통계시스템 통계자료(정보통신서비스업)

손익계산서	2017년	2016년	2015년
매출액세전 순이익률(%)	5.64	5.35	8.43
매출액세전 순이익률 가중평균(%)	6.01		

* 2018년 매출액세전 순이익률은 조사시점 현재 미발표임.

통계자료의 동종·유사 업종의 2017년, 2016년, 2015년, 매출액세전순이익률의 가중평균을 매출액세전 순이익률로 결정함.

매출액세전순이익률	6.04%

(3) 동종 업종 매출액세전순이익률과 당해 매출액세전순이익률

당해 사업체 매출액세전순이익률(%)	동종 업종 매출액세전순이익률(%)	매출액세전순이익률 차이
3.24	6.01	(-2.77)

(4) 초과이익 산정

당해 사업체의 매출액세전 순이익률이 동종 업종 매출액세전 순이익률보다 낮은바, 당해 사업체의 초과이익은 없음.

⑤ 영업권 기여이익

* 매출액세전수익÷매출액

초과이익이 없는바, 영업권 기여이익은 없음.

⑥ 영업권 가치평가

해당 기업 (가)는 동종 업종 대비 초과이익에 따른 영업권 기여이익이 없는바, 영업권 가치는 없음.

기호(나) 영업권 평가

① 재무상태표 요약(2018년 기준)

과목	2018년(원)
유동자산	1,080,796,557
비유동자산	786,788,143(무형자산 제외)
무형자산	3,764,727
자산합계	1,871,349,427

② 손익계산서 요약

과목	2018년	2017년	2016	3개년 가중평균액
매출액	3,104,692,447	2,656,112,244	2,833,589,120	2,909,981,825
매출원가	248,628,668	221,254,669	150,947,797	223,223,857
판매관리비	2,866,535,096	2,377,179,200	2,605,721,312	2,659,947,500
영업이익	-10,471,317	57,678,375	76,920,011	26,810,468
영업외수익	10,443,009	52,095,470	75,562,972	35,180,490
영업외비용	2,033,237	144,572,318	49,048,161	57,382,085
법인세차감전이익	-2,061,545	-34,798,473	103,434,822	17,239,137*
매출액세전수익률	0.00	0.00	3.65	0.61

* 「상속세 및 증여세법」 시행령 제56조 ①에 의해 법인세차감전이익이 음수인 경우(2018년, 2017년) 0으로 하여 산정함.

③ 사업이익

3개년 간의 매출액세전 순수익(법인세차감전이익)을 가중평균함.

과목	2018년	2017년	2016년	3개년 가중평균액
사업이익	0	0	103,434,822	17,239,137

④ 초과이익 산정

(1) 당해 사업체 매출액세전 순이익률(3개년 가중평균수익률)

매출액세전순이익률	0.61%

(2) 동종 업종 매출액세전 순이익률

· 한국은행 경제통계시스템 통계자료(기타 전문, 과학 및 기술서비스)

손익계산서	2017년	2016년	2015년
매출액세전 순이익률(%)	2.95	4.36	3.48
매출액세전 가중평균 순이익률(%)	3.51		

* 2018년 매출액세전순이익률은 조사시점 현재 미발표임.

· 동종 업종 매출액세전 순이익률 결정

'한국은행 경제통계시스템' 통계자료의 동·유사 업종의 2017년, 2016년, 2015년 매출액세전 순이익률의 가중평균을 매출액세전 순이익률로 결정함.

매출액세전순이익률	3.51%

(3) 동종 업종 매출액세전 순이익률과 당해 매출액세전 순이익률

당해 사업체 매출액세전순이익률(%)	동종 업종 매출액세전순이익률(%)	매출액세전순이익률 차이
0.61	3.51	(-2.9)

⑷ 초과이익 산정

당해 사업체의 매출액세전 순이익률이 동종 업종 매출액세전 순이익률 대비 낮은바, 당해 사업체의 초과이익은 없음.

⑤ 영업권 기여이익

초과이익이 없는바, 영업권 기여이익은 없음.

⑥ 영업권 가치평가

해당 기업 (나)는 동종 업종 대비 초과이익에 따른 영업권 기여이익이 없는바, 영업권 가치는 없음.

영업권 가치 결정

기호(가)

①「상속세 및 증여세법」 규정에 의한 영업권 평가액	0
② 감정평가에 관한 규칙 및 감정평가이론에 의한 영업권 평가액	0
영업권 가치 결정액	0

기호(나)

①「상속세 및 증여세법」 규정에 의한 영업권 평가액	0
② 감정평가에 관한 규칙 및 감정평가이론에 의한 영업권 평가액	0
영업권 가치 결정액	0

CHAPTER 3

참고자료와 하고싶은말

1
부동산의 분류 살펴보기

부동산의 법적 분류

:「측량·수로조사 및 지적에 관한 법률」에 따른 분류

지목에 따라 ① 전 ② 답 ③ 과수원 ④ 목장용지 ⑤ 임야 ⑥ 광천지 ⑦ 염전 ⑧ 대 ⑨ 공장용지 ⑩ 학교용지 ⑪ 주차장 ⑫ 주유소용지 ⑬ 창고용지 ⑭ 도로 ⑮ 철도용지 ⑯ 하천 ⑰ 제방 ⑱ 구거 ⑲ 유지 ⑳ 공원 ㉑ 수도용 ㉒ 체육용지 ㉓ 유원지 ㉔ 종교용지 ㉕ 사적지 ㉖ 묘지 ㉗ 잡종지 ㉘ 양어장으로 분류한다.

:「국토의 계획 및 이용에 관한 법률」에 따른 분류

① 용도지역

토지를 경제적, 효율적으로 이용하고 공공복리의 증진을 위하여 서로 중복되지 아니하게 도시관리계획으로 결정하는 지역을 뜻하며 도시지역과 관리지역으로 구분된다. 주거지역·상업지역·공업지역·녹지지역이 도시지역에 속하며 관리지역으로는 보전관리지역·생산관리지역·계획관리지역·농림지역·자연환경보전지역이 있다.

② 용도지구

용도지역의 기능을 증진시키고 미관, 경관, 안전 등을 도모하기 위하여 도시관리계획으로 결정하는 지역이다. 경관지구·미관지구·고도지구·방화지구·방재지구·보존지구·시설보호지구·취락지구·개발진흥지구·특정용도제한지구·위락지구·리모델링지구가 포함된다.

③ 용도구역

용도지역, 용도지구의 제한을 강화 또는 완화하여 시가지의 무질서한 확산방지, 계획적이고 단계적인 토지이용 및 관리 등을 위하여 도시관리계획으로 결정하는 지역을 말한다. 개발제한구역·도시자연공원구역·시가화조정구역·수산자원보전구역이 이에 속한다.

:「산림자원의 조성 및 관리에 관한 법률」에 따른 분류

소유자에 따라 국유림·공유림·사유림으로 구분한다.

:「산지관리법」에 따른 분류

효율적 보전과 개발촉진을 위한 산지로서 보전산지와 준보전산지로 구분한다.

:「건축법」에 따른 분류

용도에 따라 ① 단독주택 ② 공동주택 ③ 제1종 근린생활 시설 ④ 제2종 근린생활 시설 ⑤ 문화 및 집회 시설 ⑥ 종교시설 ⑦ 판매 시설 ⑧ 운수 시설 ⑨ 의료 시설 ⑩ 교육연구 시설(제2종 근린생활시설에 해당하는 경우는 제외

한다.) ⑪ 노유자 시설 ⑫ 수련 시설 ⑬ 운동 시설 ⑭ 업무 시설 ⑮ 숙박 시설 ⑯ 위락 시설 ⑰ 공장 ⑱ 창고 시설 ⑲ 위험물 저장 및 처리 시설 ⑳ 자동차 관련 시설(건설기계 관련 시설을 포함한다.) ㉑ 동물 및 식물 관련 시설 ㉒ 자원순환 관련 시설 ㉓ 교정 및 군사 시설 ㉔ 방송통신시설 ㉕ 발전 시설 ㉖ 묘지 관련 시설 ㉗ 관광 휴게 시설 ㉘ 장례 시설 ㉙ 야영장 시설로 구분된다.

: 기타 법률에 따른 분류

도로법·하천법·국유재산법 등의 수많은 법령에서 토지와 건물에 대해 분류하고 있다.

토지 지목 및 관련 용어

: 공간정보의 구축 및 관리 등에 관한 법률상 지목 및 지목표기 약어

지목	약어	지목	약어
전	전	철도용지	철
답	답	제방	제
과수원	과	하천	천
목장용지	목	구거	구
임야	임	유지	유
광천지	광	양어장	양
염전	염	수도용지	수
대	대	공원	공
공장용지	장	체육용지	체
학교용지	학	유원지	원
주차장	차	종교용지	종

주유소용지	주	사적지	사
창고용지	창	묘지	묘
도로	도	잡종지	잡

: 공간정보의 구축 및 관리 등에 관한 법률상 용어

용어	정의
지적공부	토지대장·임야대장·공유지연명부·대지권등록부, 지적도·임야도 및 경계점좌표등록부, 지정공부에 등록할 사항을 전산정보처리조직에 의하여 자기디스크·자기테이프 그 밖에 이와 유사한 매체에 기록·저장 및 관리하는 집합물
필지	구획된 토지의 등록단위
지번	필지에 부여하여 지적공부에 등록한 번호
지번 부여 지역	지번을 부여하는 단위지역으로서 동·리 또는 이에 준하는 지역
지목	토지의 주된 용도에 따라 토지의 종류를 구분하여 지적공부에 등록한 것
경계점	지적공부에 등록하는 필지를 구획하는 선의 굴곡점과 경계점좌표등록부에 등록하는 평면직각종횡선수치의 교차점
경계	필지별로 경계점간을 직선으로 연결하여 지적공부에 등록한 선
면적	지적공부에 등록한 필지의 수평선상 넓이
분할	지적공부에 등록된 1필지를 2필지 이상으로 나누어 등록하는 것
합병	지적공부에 등록된 2필지 이상을 1필지로 합하여 등록하는 것
신규등록	새로이 조성된 토지 및 등록이 누락되어 있는 토지를 지적공부에 등록하는 것
등록전환	임야대장 및 임야도에 등록된 토지를 토지대장 및 지적도에 옮겨 등록하는 것
지목변경	지적공부에 등록된 지목을 다른 지목으로 바꾸어 등록하는 것
축적변경	지적도에 등록된 경계점의 정밀도를 높이기 위하여 작은 축척을 큰 축척으로 변경하여 등록하는 것

2
할인율과 사업이익 측정방식에 대하여

할인율

할인율은 미래의 경제적 이익을 현재가치로 전환하기 위해 사용되며 할인율을 이용하여 해당 기여이익에 대한 미래 경제적 가치의 현재가치를 나타낼 수 있다. 즉 할인율이란 미래의 가치를 현재의 가치와 같게 하는 비율이다. 일반적으로 가중평균자본비용(WACC)방식을 사용한다.

WACC + 위험프리미엄
= { [(세전타인자본비용) × (1-법인세율)] × 타인자본구성비 }
+ (자기자본비용 × 자기자본구성비) + 위험프리미엄

: 위험프리미엄(Spread)

규모가 작은 기업이나 신설기업의 경우 환경변화 등의 위험도를 WACC에서 반영하지 못하는 위험프리미엄으로 가산한다(한국채권평가 무보증 회사채의 신용등급별 연평균 수익률을 대용값으로 하여 계산할 수 있다).

: 자본구성방식에 의한 할인율 예시

구분	할인율	구성비	산출비율
자기자본	8%	28%	2.24%
타인자본	12.5%	72%	9.00%
자본구성법	11.24% (2.24%+9.00%)		

: 대상기업 위험프리미엄 가산의 경우

대상기업 위험률 가산	10% 가산적용: 11.24%×0.1 = 1.124%
적용할인율	12.36%

사업이익 측정방식

: 이동평균법

① **단순이동평균법**(Simple Moving average)

단순 평균은 모든 수를 더해 그 개수만큼 나누는 방식이다. n개를 더한 다음, n으로 나눈다.

(n1 + n2 + n3) / 3

대상기업 등의 영업이익, 당기순이익 산정 시 3개년 단순이동평균 방식을 사용할 수 있다. 이는 과거와 최근 연도의 반영이 동일함으로 발전하고 있는 기업의 최근 추세 반영에는 단점이나, 그렇지 않은 산업, 기업에는 보수적인 관점에서 적절할 수 있다.

② 가중이동평균법(weighted average)

개별 값들에 각각의 중요도에 해당하는 가중치를 곱하여 구한 평균값이다. 가중평균의 적용은 「상속세 및 증여세법」에 의한 가치평가 시 가치평가대상의 사업소득의 순손익액 산정이나, 비상장주식의 순1주당 순손익가치 방법에서 대상기업의 순손익은 최근 3년간의 순손익액의 가중평균액으로 산정한다.

(w1n1 + w2n2 + w3n3) / (w1 + w2 + w3)

: 매출액성장률법

기대성장률 = 투자자본 수익률 × 재투자율
과거추세 이용법 = 직전년도 매출액 × 연간 평균성장률

: 시장점유율법

대상제품시장 점유율 × 예상매출액

: 회귀분석법

추정매출액 = 매출액 × 특정 독립변수와의 관련성
예 매출액과 프랜차이즈 가맹점수

3
상표권 등 손해배상액 관련 법률 및 판례에 대한 저자 의견

상표권 및 특허권 분쟁 소송의 경우 그 손해배상액 산정은 현행법상 상표법 제110조, 특허법 제128조 및 민법 제750조에서 규정하고 있다. *민법 第750條 [不法行爲의 內容] 故意 또는 過失로 因한 違法行爲로 他人에게 損害를 加한 者는 그 損害를 賠償할 責任이 있다*고 규정 피해자가 그 손해액을 입증하도록 하고 있으나, 특허법 제128조에서는 손해액을 결정함에 있어 입증책임을 경감하는 특칙을 두어 침해에 대한 손해액의 산정에 있어서 침해자가 판매한 수량에 권리자의 원가계산에 의한 이익액을 곱한 것을 권리자의 손해액으로 할 수 있도록 하게 되어 있다.

손해배상 청구와 범위

상표권 침해로 인한 손해배상청구에서 상표권자는 ① 침해자의 귀책 사유 ② 위법성 ③ 침해행위와 손해 사이의 인과관계와 손해액을 입증해야 한다. 한편 손해배상 청구 시 손해의 범위는 적극적 손해와 소극적 손해를 포괄하는 모든 손해를 그 대상으로 한다.

현행법상에서 상표권의 침해로 인한 손해배상을 청구할 수 있는 방법은 ① 민법 제750조의 일반원칙에 의한 불법행위책임으로 소극적 손해, 적극적 손해, 정신적 손해를 청구하는 경우 ② 상표법 제110조 제1항에 의거 상표권자의 이익 감소액을 청구하는 경우 ③ 상표법 제110조 제3항에 의거 침해자의 이익을 청구하는 경우 ④ 상표법 제110조 제4항의 실시료 상당액을 청구하는 경우로 나눌 수 있으며, 이 중 선택적으로 각 요건을 입증하여 손해배상을 청구할 수 있다. 또한 상표권 침해와 유사한 산업재산권인 특허권 침해의 경우 특허법은 특허권 침해에 따른 손해배상 청구에 대한 특별한 규정을 두어 특허권자를 보호하고 있다. 즉 불법행위의 성립요건과 관련하여 제130조에서 '과실의 추정' 규정을 두어 특허권자·전용실시권자의 주장 입증책임을 경감하고 있다.

상표권, 특허권 손해액 산정

상표권 침해로 인한 손해배상의 청구 시 특허권 침해와 마찬가지로 고의·과실, 손해액, 인과관계의 입증이 어려운 관계로 상표법 제67조에서는 상표제도의 효율적 운용을 위해 손해액에 대해 다음과 같은 특칙을 두고 있다.

① 상표권자 또는 전용사용권자가 침해자에게 손해배상을 청구하는 경우 침해한 자가 침해행위를 한 상품을 양도한 때에는 그 상품의 양도수량에 상표권자 혹은 전용사용권자가 그 침해행위가 없었다면 판매할 수 있었던 상품의 단위수량 당 이익액을 곱한 금액을 상표권자

또는 전용사용권자의 손해액으로 할 수 있다(상표법 제110조 제1항). 이때 손해액은 상표권자 또는 전용사용권자가 생산할 수 있었던 상품의 수량에서 실제 판매한 상품의 수량을 뺀 수량에 단위수량당 이익액을 곱한 금액을 한도로 한다(상표법 제110조 제2항).

② 침해자가 그 침해행위를 통해 이익을 얻은 경우 그 이익액을 상표권자 혹은 전용사용권자의 손해액으로 추정한다(상표법 제110조 제3항).

③ 상표권자 또는 전용사용권자가 침해자에게 등록상표의 사용을 통해 통상적으로 받을 수 있는 금액에 상당하는 액을 손해의 액으로 하여 배상을 청구할 수 있다(상표법 제110조 제4항). 제3항의 규정에도 불구 이것을 초과하는 경우에는 그 초과액에 대해서도 손해배상을 청구할 수 있다(상표법 제110조 제5항).

특허권 손해액과 관련하여 특허법은 제128조(손해배상청구권 등) 규정을 두고 있다. 즉 특허권자로 하여금 손해액을 결정함에 있어 민법 제750조에 근거한 산정방법 이외에 특허법 제128조를 이용하여 손해배상액 산정방법에 따를 수 있도록 하고 있다. 특히 2001년 2월 개정 특허법 제128조 제1항에서는 특허권 등의 침해에 대한 손해액의 산정에 있어서 침해자가 판매한 수량에 권리자의 원가계산에 의한 이익액(利益額)을 곱한 것을 권리자의 손해액으로 할 수 있도록 함으로써 판매수량만을 확인하며 손해액을 쉽게 산정할 수 있도록 하는 규정을 마련하였다.

관련 판례

대법원 1997. 9. 12. 선고 96다43119 판결【손해배상(지)】

상표권자가 상표법 제67조 제1항에 의하여 상표권을 침해한 자에 대하여 손해배상을 청구하는 경우에, 침해자가 받은 이익의 액은 침해 제품의 총 판매액에 그 순이익률을 곱하거나 또는 그 제조판매수량에 그 제품 1개당 순이익액을 곱하는 등의 방법으로 산출함이 원칙이지만, 통상 상표권의 침해에 있어서 침해자는 상표권자와 동종의 영업을 영위하면서 한편으로 그 상표에 화체된 상표권자의 신용에 무상으로 편승하는 입장이어서, 위와 같은 신용을 획득하기 위하여 상표권자가 투여한 자본과 노력 등을 고려할 때, 특별한 사정이 없는 한 침해자의 위 순이익률은 상표권자의 해당 상표품 판매에 있어서의 순이익률보다는 작지 않다고 추인할 수 있으므로, 침해자의 판매액에 상표권자의 위 순이익률을 곱하는 방법으로도 침해자가 받은 이익의 액을 산출할 수 있고, 위와 같이 산출된 이익의 액은 침해자의 순이익액으로서, 그 중 상품의 품질, 기술, 의장, 상표 이외의 신용, 판매정책, 선전 등으로 인하여 상표의 사용과 무관하게 얻은 이익이 있다는 특별한 사정이 없는 이상 그것이 상표권자가 상표권 침해로 인하여 입은 손해액으로 추정된다고 보아야 한다.

: 특허법에 의한 손해배상액 평가기준 학설

특허법 제128조 제1항에 의하여 손해액을 산정하게 되는 경우, 권리자는 ① 침해행위가 없었다면 판매할 수 있었던 물건의 ②단위수량당의 이익액에 ③침해행위를 하게 한 물건의 양도수량을 곱한 액을 주장, 입증하여야 한다. 특허법 제128조 제1항의 '이익'이라 함은 매출에서 비용을 뺀 것이나, 어떤 항목을 비용으로 인정하여 공제할 것인가에 대하여는 동조 제2항의 침해자의 이익의 경우와 같이 순이익설, 조이익이설, 한계이익설 등의 여러 견해가 있다. 전통적인 견해는 매출액으로부터 현실의 비용을 빼서 이익을 산출하고자 하는 것으로, 기업이 외부에 지출한 원료비, 포장용비 등의 변동비만을 뺀다고 하는 조이익설과 거기에 노무비, 보수비 등의 고정비도 공제하는 순이익설이 있다. 나아가 일반관리비, 연구비, 재고소모비 등의 본사비도 공제하는 엄격 순이익설과 순익설의 연장선에 있는 것으로서 침해를 받은 권리자가 조이익을 증명하면 그것이 손해액으로 추정되고, 침해자는 권리자가 그 이익을 올릴 수 없었던 특별한 사정을 주장 입증함으로써 추정을 복멸하고 감액할 수 있다고 하는 수정순이익설 등이 있다.

손해배상액 평가 기준 검토 의견

상표권 등 산업재산권의 침해에 대한 손해배상액 평가에서 이익률 기준으로 판례의 영업이익 또는 순이익률 기준과 본 책자는 상표권 침해에 대하여는 상표권 기여이익률 기준, 특허권 등의 침해의 경우는 특허권 기여이익률이나 무형자산 기여이익률이 타당하다는 의견이다.

: 판례의 권리 침해 시 순이익 산정 문제

판례를 통하여 본 산업재산권(상표권·특허권 등)에 대한 권리 침해 시 손해배상액 산정의 경우 침해이익에 대한 평가기준으로서 이익률에 대하여 판례는 손해배상을 청구하는 경우에 침해자가 받은 이익의 액은 침해 제품의 총 판매액에 그 순이익률을 곱하거나 또는 그 제조판매 수량에 그 제품 1개당 순이익액을 곱하는 등의 방법으로 산출함이 원칙으로 하고 있으며, 또 다른 특허권 판례에서는 소득세법이 정한 방식에 의한 침해행위로 인한 이익의 액 = 침해제품 매출액-침해제품에 관련된 주요경비(매입비용+임차료+인건비)-(침해제품 매출액×기준경비율 15%)에 의한 방식을 취하고 있다.

한편 순이익 산출방식은 상품 판매량×개당 순이익 혹은 1개월당 매출액×기간×순이익률의 방법으로 산출하는 것을 원칙에 있어 판매액에 상표권자의 순이익률을 곱하여 산정함에 있어 순이익률을 무엇으로 볼 것인가 기준이 문제인바, 이에 대한 판례나 학설은 순이익설, 조이익설, 한계이익설 등 여러 견해가 있다.

제 학설 중 판매액에서 제조원가와 비용의 전부를 공제한 순이익설이 대체의 통설이며, 일본의 많은 판례가 이러한 입장을 취하고 있다. 우리의 판례 역시 이러한 순이익 개념을 인정하고 있다. 즉 대법원은 상표권을 침해한 자에 대하여 손해배상을 청구하는 경우에, 침해자가 받은 이익의 액은 ① 침해 제품의 총 판매액에 그 순이익률을 곱하거나, ② 그 제조 판매 수량에 제품 1개당 순이익액을 곱하는 등의 방법으로 산출함이 원칙이라고 밝힘으로써 침해자가 얻은 이익의 액은 매출액에서 매출원가 및 판매비와 일반관리비를 공제한 영업이익, 즉 순이익을 의미하는 것으로 하고 있다.

: 본서 주장 평가 기준

이에 본서는 판례나 학설에서 주장하는 이익에 대한 기준으로 순이익설이 타당하나 이 경우 영업이익이나 순이익을 적용함에 있어 기업 전체의 가치에 대한 영업이익이 아닌 침해받은 산업재산권에 대한 기여이익을 침해 손해배상액 이익기준으로 산정하여야 한다고 본다. 이는 재무제표상의 영업이익이나 순이익(영업이익에서 영업 외 비용, 영업 외 수익 등을 가감한 이익)에는 상표권 등의 산업재산권이 기여한 이익뿐만 아니라 유형자산을 포함한 투하자본에 대한 기여이익이 상호 결합하여 영업이익, 순이익을 창출하였음으로 침해받은 산업재산권 혹은 무형자산에 대한 손해배상액 측정 시 침해이익 기준으로는 당연히 기업 총이익에서 침해와는 무관한 자산, 즉 유형자산 등의 투하자본 기여이익, 비사업용 자산의 기여이익과 분리 가능한 타 무형자산 기여이익(침해 이외 무형자산, 영업권 등)을 차감하여야 진정으로 침해받은 무형자산에 따른 손해액이 측정된다 할 수 있을 것이다.

참고 문헌

· 다음 백과사전

· 네이버 지식백과

· 한국감정평가사협회 공시자료

· 한국감정평가연구원 발간자료

· 한국감정원 공시자료

· Gordon V. Smith and Russell L. Parr 편저, ㈜테크벨류 역, 「지적재산과 무형자산의 가치평가」

· 백복현·장궈화·최종학, 재무제표분석과 기업가치평가

· 박문기 "기업 브랜드자산 가치의 측정에 관한 연구" 논문

· 김흥수, 「무형자산 가치평가론」

· 김석웅 외, 「무형자산 관리·측정·보고」

· 강효석 외, 「기업가치평가론」

· 정대훈, "지식재산권법에 관한 중요 판례", 대한변호사협회

· Gordon, "Trademark Valuation", 1992

· Gu, Feng and Baruch Lev, "Intangible Assets: Measurement, Drivers, Usefulness", 2001

· International Valuation Standards Committee, "International Valuation

· Standards", 2000

· Smith, Gordon V. and Russell L Parr, "Valuation of Intellectual Property and Intangible Assets", 1994